はじめに

「子どもたちと楽しく笑いあっていたい」——そんな夢をいだいて小学校教師になったボク。ところが、現実は「こんなはずでは……」ということの連続でした。思いどおりにならない子どもたち、上手く行かない授業……。同僚の先生たちからは「もっとガンバレ、自信を持て」といつも言われ、そのたびに「ああ、オレってそんなに情けない存在なんだ〜」と逆に落ち込む毎日。

これは、今から40年前、教師になりたての20代の頃のボクの姿です。そして、あれから40年経った今も、あの頃のボクのように「こんなはずでは」と毎日悩んでいる若い先生がたくさんいます。この本『空 見上げて 「新人育成教員」日記』には、そういう先生たちの悩み解決のヒントになりそうな事柄を、なるべくたくさん盛り込んだつもりです。

「新人育成教員」という言葉は、聞いたことがない方が多いかもしれません。これは東京都独自の制度で、「退職した教師が副担任として新採の人といっしょに1年間ずっとそのクラスの授業をする」というものです。

いろいろ悩んだ末に「新人育成教員」になったボクは、徳永正弘さんというピカピカの新人先生と二人三脚でひとつのクラスを受け持つことになりました。なれない仕事でとまどうことも多く、まさに「迷いつつ、悩みつつ」の毎日でした。そんな中で、授業や学級作りのアイデア、トラブル解決の工夫などをこの〈日記〉にまとめて、職員室などで配ったところ、予想以

上に喜ばれました。

　その後,月刊『たのしい授業』(仮説社)に連載されるようになり,読者の若い先生たちからは「いろいろなアイデアが具体的に書いてあって毎日の仕事に役立つ」という感想が届き,ベテランと呼ばれるような先生たちからも「とても共感しました。もっと読みたいので続けてほしい」という,たくさんの励ましをいただきました。このような連載への反響の大きさは,ほんとうにうれしく,書き続ける自信をもらいました。

＊

　ところで,ボクは人の授業を後ろで見ているのって,けっこうニガテです。すぐに退屈しちゃいます。だから,「新人育成教員」の仕事が,「後ろで新人の授業を見てあれこれ指導する」だけのものだったら,絶対に応募しなかったと思います。でも,東京都の「新人育成教員」は自分も担任になって直接子どもたちに授業をし,それを新人先生に見てもらうことができます。

　「アレ？　自分は授業を見るのが苦手なのに,〈新人に授業を見せる〉って矛盾してない？」……そう思った方もいるかもしれません。でも,ボクには「きっと新人先生はボクの授業を見て喜んでくれるにちがいない」という明るい見通しがありました。なぜなら,ボクのポケットには,仮説実験授業を中心とした〈たのしい授業〉のノウハウがたくさん詰まっているからです。

　仮説実験授業(本書にもときどき登場します)は,今から約50年前に板倉聖宣氏が提唱し,現在は自然科学だけでなく社会の科学や数学,道徳などさまざまな分野で研究が進められています。たくさんの教師による追試を経て,意欲的な先生であれば

誰でも〈たのしい授業〉ができることが保証されています。だから，ボクは安心して新人の先生にそのやりかたを紹介することができると思ったのです。

「〈たのしい授業〉を受けて躍動する子どもたちの姿を見たら，新人先生はどんなふうに感じてくれるだろう？」――そう考えると，なんだかワクワクしてきます。〈たのしい授業〉がきっかけになって，教師として楽しく生きていってくれたらうれしいな，と思います。

さて，やりがいを感じ，〈明るい予感〉を持って始めた「新人育成教員」のお仕事は，はたしてボクの目論見どおりに進んでいったのでしょうか。ぜひ，本書のページをめくって，結果を確かめてみてください。読者のみなさんからも，アドバイスをいただけたらうれしいかぎりです。　　　　　　（2015年7月1日）

本書の書名『空 見上げて』について

一見すると「涙がこぼれないように上を向いて歯を食いしばる」という風に誤解されそうですが，そういう意味ではありません。教室で子どもたちとよく歌っていた「空を見上げて」という歌（「Rock my soul」というゴスペルの日本語訳です）から取ったものです。ボクはちょっとした空き時間に学校の窓からボーッと雲をながめたりするのが好きなのですが（とらわれている思いがスーッとぬけていく感覚が好きなんですね），そんなところからなんとなくつけた題名です。よろしくおつきあいください。

もくじ

はじめに …………………………………………………………………… 1

プロローグ　朝日のごとくさわやかに ………………………………… 7

① たのしいことから始めよう

退職，そして再出発 ……………………………………………………… 10
　「新人育成教員」ってなんだろう？

何時に帰ればいいんでしょう？ ………………………………………… 16
　新人先生との出会い

たのしいことから始めよう ……………………………………………… 22
　出会いでたのしい第一印象を！

アイデアで勝負！ ………………………………………………………… 31
　マネできるたのしさを伝えたい

ドキドキの保護者会 ……………………………………………………… 36
　そして最初の1週間が終わりました

「新人育成教員」のジレンマ …………………………………………… 40
　朝自習，どうしてますか？

迷いつつ悩みつつ ………………………………………………………… 46
　新人先生からもらったありがたい言葉

On a slow boat　ボクが新卒だった頃 ………………………………… 54

② 教師の仕事は忙しい!?

教師の仕事は忙しい？ …………………………………………………… 60
　まず教師が時間を守る

怒るのは職業病？ ………………………………………………………… 65
　でも，あんまりデカい声に頼るのは……

「学校に行きたくない」という子がいたら ………………………… 70
　登校するにもエネルギーがいる

「考えさせる」が多すぎる？ ……………………………………… 75
　生徒は授業のどこで達成感を得るのか

成功体験が大事 …………………………………………………… 79
　そして何より〈教材〉が大事

トラブル解決は八方美人的に ……………………………………… 84
　誰が悪いかを判定するより大切なこと

ニガテな子を好きになるとき ……………………………………… 92
　教師業の上達と仮説実験授業

通知表の所見，どうしてますか？ ………………………………… 99
　所見の書き方・考え方

イイ授業ってなんだろう？ ………………………………………… 113
　騒々しい授業が終わって……

新人教員，自立への一歩一歩 ……………………………………… 122
　再びやってきた保護者会

伝えたいことは１つだけ …………………………………………… 127
　「たのしい授業」でいくしかない！

On a slow boat　「オレはこっちへ行くんだ」という生き方 ………… 132

３　新人教員 自立への道

オレの仕事ってなんだっけ？ ……………………………………… 138
　「たのしい授業」がボクの出番！

教師の指導力とは …………………………………………………… 138
　〈指導力〉より大切なもの

席替えにおける〈政治的配慮〉 …………………………………… 150
　授業と席替えの無視できない関係

かまい・かまわれる関係 ……………………………………	158
〈難しい子〉との温かい関係づくり	
運動会…その後に …………………………………………	166
運動会後は子どもが荒れる？	
よみかた授業を考える ……………………………………	172
「音読」を大切にする国語の授業	
みんなで元気に怒られようよ ……………………………	181
小言，頭の上を行く	
フツーの子どもの素敵が見える …………………………	189
元気な祐輔君と原子の絵	
買いかぶりというイジメ …………………………………	194
「できてアタリマエ」の怖さ	
早く感想が見たい！ ………………………………………	202
徳永さん，仮説実験授業にチャレンジ	
子どもの評価にドキドキ …………………………………	209
はじめての仮説実験授業が終了	
あの空の下で ………………………………………………	216
最後の保護者会，そして異動	
意欲と自信を積み重ねて …………………………………	220
「新人育成教員」の1年間，その成果は？	
エピローグ　チョークを持った渡り鳥 …………………	234
あとがき ……………………………………………………	236

カバー・扉イラスト：いぐちちほ　本文イラスト：小川 洋

プロローグ
〜朝日のごとくさわやかに〜

　2013年3月31日，日曜日。午前10時半。市民センター小ホールで，ボクが通っている音楽教室の発表会が始まろうとしていました。ボクが受け付けを済ませ，ホール脇の防音室の扉を開けると，いきなりのものすごい音の洪水。せまい部屋の中ですでに10人くらいの人がめいめいサックスやトランペットの練習をしていました。壁に向かって一心にテナーサックスを吹く年配の男の人の脇で，ボクも自分のアルトサックスをケースから出して組み立てます。

　ボクの出番は5番目。人前で楽器の演奏をするなんて初めての経験です。練習通りに最後まで吹き通せるかどうか，ドキドキでした。

　名前を呼ばれステージの真ん中に立ち，演奏が始まりました。曲はジャズのスタンダード「朝日のごとくさわやかに〜Softly, as in a Morning Sunrise」。緊張して，音が裏返ったりしたけど，なんとか最後まで演奏することができました。バックのピアノやドラムスの人は一流のプロの人たちです。その演奏に負けないよう，音だけは大きく出せたつもりでした。終わって「ああ，気持ち良かった〜」と思いました。

　発表会が3月31日だと聞いたとき，参加するかどうか迷いました。「退職・再就職の節目の時に，ノンキにそんなことやっていいのか？」と思ったからです。ただ，幸い，4月から現任校で引き続き働けることが決まっていたので，思い切って初

めての発表会に出ることにしました。
　それから1ヵ月，勤め先の小学校で5時になるのを待って，暗くなった図書室の隅っこで，毎日毎日練習していました。「何のためにこんな練習をしているんだ？」と思う日もありましたが，発表会をめざして練習してきて良かったと思いました。
　……こうして，36年間の現役小学校教師生活の最後の1日が終わりました。明日からは「退職後の生活」が始まります。はたして，どんな日々が自分を待っているのでしょうか。

1 たのしいこと から始めよう

退職, そして再出発

● 「新人育成教員」ってなんだろう？

どうする？　退職後の選択肢

　発表会からさかのぼって，退職まであと7ヵ月に迫った2012年の夏休み。ボクは退職後の進路に悩んでいました。妻の久美子さんは3年前に小学校教師を退職し，無職の気楽な毎日を過ごしています。ボクも「仕事を何もしない」というのも選択肢のひとつです。冬になって毎日スキー三昧というのも理想の暮らしかもしれません。幸いボクの年齢なら，「基礎年金」といって普通の年金の半額が支給されます。だから，奥さんの分と合わせれば，仕事をしなくても最低限の生活はできそうです。でも，収入も欲しいし，仕事をパタッと止めたら生活のバランスがくずれて病気になりそうな気がします。仕事をして社会と関わっていたいという意欲も強くあります。だから，退職後もなにか仕事をすることに決めました。

　退職後の仕事は，ボクの場合次の5通りくらいが考えられます。

（ア）中学校の理科教師（週4日の非常勤講師）
（イ）小学校再任用（フルタイム）
（ウ）小学校再任用（短期）……週4日勤務

(エ) 小学校の非常勤講師……週4日勤務
(オ) 時間講師や産休代替

　(ア)の「中学校の理科教師になる」というのは，やってみたかった夢のひとつです（中高の理科免許も持っている）。
　(イ)の「再任用フルタイム」は，現役時代と何ひとつ変わらない仕事です。ボクの場合は小学校の担任をやることになります。長所は学校を変わらなくてよいことです。でも，「フルタイム」を選んだ知り合いの先生が急に病気で倒れたのを知り，自信が無くなりました。
　(ウ)は週4日勤務ですが，担任はできず，小学校では理科や家庭科などの専科をやるしかありません。「理科専科を週4日で」という学校がたまたまあればいいのですが，みつからないかもしれません。
　退職後の知り合いの先生たちで多いのが(エ)の非常勤講師です。給料は少ないしボーナスもありませんが，授業以外の校務の分担がなく，気楽です。短所は自分のやりたい教科の授業ができるとはかぎらないことでしょうか。
　体育の授業とか行事のことで責任を持たされたりするのは，正直もう面倒です。贅沢かもしれないけど，意欲がわかない仕事に我慢する気にはなれません。でも，反対に仮説実験授業はもっともっとやりたいと思います。大げさではなく，「お金を払ってでも仮説実験授業をやらせてほしい」と切に思います。意欲は全然おとろえません。子どもたちに本を読んであげたり，ゲームをしたりすることも続けたいなぁ，と思います。

「新人育成教員」という仕事

 なかなか「これ！」という決定打が無く迷っているときに，東京都の「新人育成教員」という仕事があることを知りました。教えてくれたのは同じ〈たのしい教師入門サークル〉の木下富美子さんです。木下さんはボクより一年早く「新人育成教員」の仕事を始めていました。「すごくいい。やりがいがある」という木下さんの話を聞くうちに，「ボクもやってみようか」と思い始めました。

 「新人育成教員」というのは東京都独自の制度で，2年前から始まったのだそうです。当初，応募する人が少なかったそうで，ボクのいる八王子市も小学校が70校あってほとんどの学校に毎年新採用の教員がやってくるのに，「新人育成教員」を置いている学校は2校しかない，というような話を聞いたことがありました。少しずつやる人が増えてきて，3年目の今年（2012年度）は東京都全体で300名弱の人がやっているようです。それでも，当初見込んでいた500名という募集人員にはなかなか達しないようです。

 「退職教員が新採の指導を行う」という制度は他の県でもあります。しかし，東京都の「新人育成教員制度」の画期的なところは「退職した教師が副担任として新採の人といっしょに1年間ずっとそのクラスの授業をする」というところです。勤務は再任用（短期）の週4日。わずかですがボーナスも出ます。調べれば調べるほど，この制度は自分が探し求めていた仕事にピッタリ合う気がしてきます。

なぜやる人が少ないのか？

　しかし，東京都が力を入れて予算を確保し募集したにも関わらず，「希望する退職教員が少ない」のはどうしてなのでしょう。気になるところです。学校現場では，そんな制度があるのを知らない人がほとんどです。退職後に非常勤講師をしている知り合いの先生に尋ねてみると，彼はこの仕事のことを知っていました。でも，「なんか面倒そうで俺は嫌だね。だって大変じゃないの？　自分でそのクラスに責任を持たされ，なおかつ新卒の面倒まで見なきゃならない。教育実習が一年中続くようなもんでしょう」。そんな言葉が返ってきました。なるほど，見方を変えればそういう「責任を持たされるしんどさ」があるかもしれません。

　サークルで小原茂巳さん（明星大）にこの話をしてみました。すると小原さんは，「それは〈指導する〉〈指導される〉ということを，本音ではほとんどの先生たちが嫌なイメージでとらえているからだろうね」と言いました。ボクが「木下さんのように周到にはできないけど，でも，やりがいがありそうだからやってみようと思う」というと，小原さんは，「うん，すごく可能性があるね，その仕事は。僕も〈こうやれば教師の仕事が楽しくやれる〉ということを伝えたくて大学で授業やってるわけだけど，そういうことが本当にできるのは，仮説実験授業のように〈だれでも確実にマネできるもの〉を持ってる人だけかもしれないよね。ぜひやるといいよ」と言ってくれました。

　たしかに実際は大変な仕事かもしれません。なんか教室に四六時中ふたりの担任がいるなんて，感覚的にボクもイヤです。

また,「小学校教師の仕事をもれなく教えられる」という自信もありません（だいたいボクは小学校教師としては欠落している部分が多いのです）。でも,「新人育成教員」の仕事を思い描いていると, なんだか明るい意欲的な気分になれました。例えば「理科の授業をずっとボクが主になってやらせてもらうこと」も可能です。「朝の連続小説」も「クイズ100人に聞きました」（『教室の定番ゲーム1』仮説社）も, ものづくりもできます。フルタイム勤務以外では, そんな仕事は他にありません。

　また, ボクがこの仕事で一番気に入ったのが「〈試行錯誤〉でやってもらってかまいません。わざと細かいマニュアルは作らないのです」という都教委指導主事の言葉でした。実際に,「例えば1学期には6～7割くらいの授業を〈育成教員〉がやり, 2学期, 3学期にはその比率を落として行って, 最終的には100パーセント新卒の先生が出来るようにやっていく」というような例が説明されました。「でも, これはあくまでも例であって, その先生その先生でやり方がちがってかまいません。校長と相談しながら一番ふさわしいやりかたを考えておこなってください。やりかたはお任せします」と言うのです。

　「試行錯誤」——ボクの好きな言葉です。きっと上手くいかないこともあると思います。でも, 失敗もふくめて少しずつその様子を記録して行こうと思っています。「新人育成教員」の仕事をしながら, 新卒以外の人にも役立つ〈教師の仕事〉の整理ができるといいな, とも思いました。

試行錯誤でやっていこう

　3月のある日，立川市で「新人育成教員研修会」が行なわれ，4月から育成教員になる予定の人が20人くらい集められました。会議室の前方にはその日の講師である育成教員経験者が5人座っています。女性がひとりと男性が4人です。ボクは「オレが新卒だったらどの人とやりたいかな」と，その5人の顔を見比べていました。

　「インケンそうな人はいやだな……」「細かいことにうるさそうな人もちょっと……」「自信たっぷりタイプの人も苦手だなあ」――経験者の先生を見比べながら，そんなことを考えました。

　でも，4月からはボクが新卒の人から「あの人がいてイヤだな……」って思われるかもしれません。お互いに精神的にヘバらないように，こういう感覚は覚えておきたいものだと思いました。

　それに，教室に教師がふたりいるとなると，やりにくいことも出てくるでしょう。最初から新卒の人に任せたら，ボクが授業をやるときにストレスを感じる教室になるように思います。かと言って，あまりボクが出すぎて，子どもたちが新人の先生ではなくボクを頼ることのないようにしなければなりません。そういう「出たり・引いたり」の駆け引きが大切なのかもしれません。ほんと，試行錯誤でやってくしかないようです。

何時に帰ればいいんでしょう？
●新人先生との出会い

1日目の仕事が始まった！

4月1日（月）。新人育成教員の第1日目が始まりました。

職員室で，ボクといっしょに3年生のクラスを受け持つ新採の徳永正弘さんと対面しました。身長1m80cm，学生時代バスケットボールをやっていたという大学出たての青年です。ひょろっとした「草食系」であまりクセのない人に見えます。2年目の理科専科のY男先生が，偶然同じ大学の先輩だったということがわかり，さっそく仲良くなっていました。若い人たちは若い人たち同士で気のおけない仲間がいるのが大切。まずはひと安心です。

小川「イキナリ忙しくなりますけど何でも聞いてくださいね。ま，教室のことはボクが教えるし，教室以外の校務の仕事や学年のことはここにいるたくさんの先生たちが何でも教えてくれますからね」

徳永「はい，よろしくお願いします」

ボクはちょっと周りの先生たちを意識してそんなふうに言ってみました。

「新人育成教員」としてのボクの一番の目標は，目の前にいるこの新卒の先生が，無事に2年目を迎えること，つまり「本採用」

になることです。そのためには細かいこと（週案の書き方とか）も教えなきゃいけないんだろうけど，やっぱり基本は「子どもたちから支持されること」です。子どもたちが「先生のこと好き」と言ってくれていたら，保護者も支持してくれるし，管理職も安心できると思います。

　新卒の何も知らない先生が子どもたちから支持されるには，どうしたらよいのでしょう。〈子どもたちから支持される条件〉——それが明らかにできれば，新卒の先生だけでなく，時間に余裕のないお母さん先生にも，いやベテランと呼ばれる先生にも確実に役立つはずです。そういう〈条件〉を具体的に拾い上げることができたら，という思いもあって，このような〈日記〉を気の向くままに続けてみることにしました。

「何時に帰ればいいんでしょうか？」

　小学校担任の仕事は重労働です。もう，４月の１日目から「名簿作り」「ゴム印押し」「出席簿の作成」などたくさんの事務仕事がわっと押し寄せます。そんななかで「前担任との引き継ぎ」が１時間も続き，「誰がどのクラスを持つか」の話し合いも続きました。話し合いにはボクも出ていたのですが，あえて口をださないように努めていました。だまっているのも少しストレスですが，反面，気楽でもありました。

　そんなこんなでクラスが決まりました。新卒の徳永さんとボクが担任するクラスは３年２組。教室は２階の西のはずれです。クラス分けが決まると，今度は「ワークやドリルの会社選び」です。これも国・社・算・理とあって，どんなノートを使うか

決めるのもあり，時間がかかります。ふと，時計を見るともう5時を過ぎていました。

徳永「すみません。聞いていいでしょうか」

（お，来た来た！最初の質問です）

徳永「あの，何時に帰ればいいんでしょうか？」

（ちょっと，ズコーッとなるボク）

小川「（笑いながら）ああ，大切なことなのに誰も教えてくれないんだよね，そういうことって。えっと，勤務時間は4時45分までですから，4時45分になったら黙って帰っても怒られ

ません。誰も〈帰っていいよ〉って言ってくれませんから，自分で決めて下さい。タイムレコーダはありません。ただ，黙って帰ると，電話があったときなんかに困るので，あそこにある〈動静表のマグネット〉を右はしに動かして帰って下さい」

徳永「ああ，タイムレコーダはないんですか」

小川「そうですね。教員の仕事ってわりと何でも自分に任されていることが多いんですよ。どういうふうにやるかも，最初から自分で考えてやらなきゃならないけど，ま，明日からひとつずつ教えるから大丈夫ですよ」

徳永「はい，よろしくお願いします……。あの，もうひとつ質問があるのですが。明日から何を着てきたらいいんでしょうか？」

小川「フフフ，それも迷うよね。前にボクと同学年だった新

卒の男の先生は〈服を考えるのが面倒だから〉とスーツで通勤して，学校に着くとジャージに着替えていましたね。暑くなったら，上はTシャツの先生も多いですね。体育をやったり，子どもといっしょに毎日掃除をしたりするので，ずっとスーツという人はこの学校にはいませんね。でも，その先生が言ってたんだけど〈新卒は出張や研修が多いし，突然，指導主事や新採研の講師の先生が来たりもするから油断できない。スーツがあると安心〉と言っていましたね」

　徳永「はい，わかりました」

　小川「じゃ，ボクはもう帰ります。また明日ね」

　こうして，1日目が終わりました。

　4月2日（火）。2日目のこの日は朝から会議が続きました。それが一段落した夕方。教室の片づけをしているときに，突然，徳永さんが質問をしてきました。

　徳永「あの，学級経営ってどうやってやったらいいんでしょうか？」

　小川「え？　うーん……」（イキナリの質問でびっくり！）

　すぐに一口では言えないことなので，「少しずつ教えますから」と言ってその日は終わりにしました。もう5時をすぎています。とにかく右も左もわからないまま，仕事がどんどん押し寄せるのが新採の先生。「質問して下さい」と言われても，「何を質問していいのかわからない」様子です。

　小川「来週から子どもの前に立って授業しなきゃいけないわけだけど，いきなり全部やりなさいとは言わないので安心して

ください。一時間,一時間打ち合わせしてやるから大丈夫ですよ。それまでバテないでね。今日もすごく疲れたでしょ。〈今から考えておくこと〉とかはそんなに無いし,〈始業式の日にやること〉は明日打ち合わせしましょう」

徳永「安心しました。今日はもう少ししたら帰ります」

小川「そうだね。ボクはもう帰りますから」

徳永「ありがとうございました」

小川「いえいえ,どういたしまして」

たのしく仕事ができそうです

4月3日(水)。この日はボクはお休みです。水曜日に休めるなんてなんだか落ち着かない気分でした。外は嵐のような突風が吹き荒れていました。ボクは,春休みからの疲れがたまっていたので,ひとりで映画館に行きました。映画も60才になると半額の1000円です。「ひまわりと子犬たちの8日間」という犬の映画を観ます。たぶん泣くだろうなとハンカチをにぎりしめて観ました。やっぱりすごく泣いてしまいました。たまっていたストレスが涙といっしょに抜け落ちる気がして,映画を観に来て正解でした。

4月4日(木)。午前中に始業式の学級指導について打ち合わせをしました。ボクが去年作った「自己紹介クイズ」(『ぜったい盛り上がる!ゲーム&体育』仮説社)を見せてあげました。

小川「一応,ふたりで担任するってことだから,二人で〈自己紹介クイズ〉をやりましょうよ。自分についての〔問題〕を

3つくらい考えてください。で，ポイントは〈得意なこと〉を必ず入れておくことですね。ボクは〈手品が得意〉ということにして，実際に手品をひとつ見せるんです。徳永さんの得意なことは？」

徳永「そうですね。指先でバスケットボールを回すのができます」

小川「あ，それいいよ。子どもたち喜ぶよ」

こうして，始業式から教室に戻ったら，ふたりで子どもたちの前で自己紹介クイズをやることにしました。

午後は，遠足の下見に学年の先生たちと高尾山に行きました。ポカポカした良い天気です。山の桜はこの日満開でした。慣れない小学校の中で，ずっと会議や打ち合わせ，事務仕事に追われていた新卒の徳永さんは，外を歩けただけですごく嬉しそうです。「気持ちいいなー」「あー，桜がきれいですね」と，はしゃいでいます。

ケーブルカーに乗ると「うわー，こんな急なところを登るんですね。すっげーなー」と興奮。山頂に着きます。あいにく空気が霞んでいて遠くの景色はよく見えません。でも，眼下に広がる風景に，「うわー，すごい，すごい」と小学生のように，いや，八王子の小学生は高尾山に行ってもそんなに喜ばないので，小学生以上に喜んでいます。

徳永さんという人は，「良いものは良い」と素直に感じてくれる人のようです。そういう，まだ色に染まっていない人と一緒に仕事ができそうで，ボクもとても嬉しくなったのでした。

たのしいことから始めよう
●出会いでたのしい第一印象を！

どうしてもしたい「自己紹介」

　４月８日（月）。始業式。いよいよ３年２組の子どもたちとの授業がはじまります。とはいうものの，この日は午前中に入学式もあるので，体育館での始業式のあと教室で子どもたちとすごす時間は30分しかありません。そのあいだに

・席決め　・くつ箱決め　・ロッカー決め　・自己紹介（担任の）　・プリント（７〜８枚）配布　・明日の連絡

……等々をこなさないといけない。だからたいていの先生たちは「自己紹介」もほとんどやらないまま子どもを帰してしまいます。でも，家に帰って「担任はどんな先生？」と親に聞かれて「わかんなーい」じゃさびしすぎます。せっかくの出会いの日。「どんな先生かなー？」と本当は子どもたちも興味津々。視聴率100％なのにもったいない！　ボクは超過密スケジュールは承知の上で，「担任の自己紹介」はしっかりやりたいと毎年考えているんです。時間を生み出す工夫もしています。

　まず，席決め。これは「とりあえず背の順」でどんどん座ってもらいます。昔，始業式が終わったのでボクが職員室に寄っ

てから教室に行くと、担任することになった5年の子どもたちが勝手に座っていたことがありました。それが、教室の左半分は全員女子、右半分は全員男子。女子はシーンとお葬式みたいだし、反対に男子はワーワーギャーギャーで話も何もできたものではありませんでした。

　その反省から、体育館からもどったら子どもたちはだいたいの背の順で男女別に廊下に並んでもらい、教室には入れません。で、ひとりずつ、「はい次の人はここ」とボクが席を背の順に指定して座ってもらいます。これでとりあえず第一回目の席決めは完了です。子どもたちからは「席替えいつすんの？」と毎日言われますが、このまま3週間くらい席替えはしません。

```
                    前

     女3 男3      女2 男2      女1 男1

     女6 男6      女5 男5      女4 男4

     女9 男9      女8 男8      女7 男7
                     ⋮
```

　くつ箱は「好きな場所を使っていいよ」と言っておいて、何か不都合があったらあらためて決めることにします。ロッカーは「白ビニールテープを5センチに切ったもの」（右図）にマジックで名字を書いたものをボクが作り、前の日までに名前順に

12 田辺

テプラで作ったこともありますが、ビニールテープが見やすさ、耐久性ともにバツグンです。1年間もちます。

貼っておきます。そのときに「出席番号」を書いておくと，名簿を忘れたときもロッカーを見るとすぐにわかって便利です。

　こういうやり方にして事前に準備しておけば，なんとか「先生の自己紹介」の時間が15分くらい取れます。そこでするのが，毎年定番の「自己紹介クイズ」(『最初の授業カタログ』，仮説社)です。今年は「徳永さんと二人で担任」なので，「自己紹介クイズ」も二人分作りました。ボクの自己紹介クイズは以下のようなものです。

小川先生の自己紹介クイズ

［1］生まれた県はどこでしょう？
　ア．山梨県　　イ．新潟県　　ウ．東京都　　エ．志村けん
［2］小川先生についての○×クイズです。
　　A．お酒が大好きである。
　　B．「子どもたちが喜んでくれる授業＝たのしい授業」をしたいと思っている。
　　C．スーパーエコスのカステラパンが大好きである。
［3］小川先生が得意なことはなんでしょう。
　ア．手品　イ．けんだま　ウ．バイオリン　エ．スノーボード

　「得意なこと」で徳永さんは「バスケットボールを指先で回す技」をやりました。ボクは「ティッシュのカタツムリ」(ティッシュペーパーで作ったカタツムリが手の中でナメクジになるという手品。小俣和弘「変身カタツムリ」『ぜったい盛り上がる！ゲーム＆体育』仮説社，参照）の手品をやりました。子どもたちは大喜び。「これから何か楽しそうなことをやってくれそうな先生だな」ということが伝わったようで，大成功でした。

いよいよ授業開始

4月9日（火）。

出会いの日から2日目。いよいよ授業がはじまりました。

1時間目……朝の連続小説

1時間目。出席をとったあとで、すぐに〈朝の連続小説〉を始めました。読む本は山中恒『このつぎ なあに』（あかね書房）です。物語の切れ目がわかりやすいのと、4～5回で読み終えられるので、何年生を受け持っても、たいてい最初はこの本から始めています。『このつぎ なあに』というのも〈朝の連続小説〉にピッタリの題名だと思いませんか？

＊〈朝の連続小説〉……「毎朝、5分ていど本を読み、続きは翌日に行う読み聞かせの方法」。『朝の連続小説1・2』という本が仮説社から出ているので、「どんな本を読んだらいいか」迷う人は参考にしてください。時間割によって必ずしも朝に読み聞かせの時間がとれないときもあります。そんなときでも、一日のどこかで時間を取って読んでいます。休むと「二日分、読んで～」と子どもたちから言われるほど、大好評です。

〈朝の連続小説〉が終わってから3年生で使う教科書を配り、名前を書かせました。ところが、図工の教科書が1冊足りません。何度、子どもたちに2冊持ってないか聞いても見つかりません。他のクラスに聞いても余っていないとのこと。仕方がないので事務室に報告し、1冊取り寄せることにしました。1時間目が

終わりそうなときに,「先生ボクのところに2冊ありました」とひとりの男の子が持ってきました。よくあること(不思議に毎年ある光景)です。

　2時間目の国語で「かえるのぴょん(谷川俊太郎)」という詩の授業をやりたかったので,わざと国語の教科書だけは1時間目に配りませんでした。クイズ形式の授業をやろうと思いましたが,「かえるのぴょん」が教科書に出ていて,答えがわかってしまうからです。

2時間目……「かえるのぴょん」(詩の授業)

　詩の授業は,ボクはクイズ形式でやることが多いです。たとえば,黒板に次のように書きます。

> **かえるのぴょん**　　　　谷川俊太郎
> かえるのぴょん　とぶのがだいすき
> さいしょに○○○○とびこえて
> つぎには○○○○とびこえる
> ぴょん

　小川「かえるが飛びこえたのは何でしょう?」
　子ども「みずうみ」「犬ねこ」「カラスを」
　小川「正解は〈とうさん〉です。じゃ,次の○○○○は何でしょう?」
　子ども「おうちを」「スズメを」「ははおや」
　小川「正解は〈かあさん〉です。じゃ,ここまでをノートに写してください」

クイズをやりながら黒板の詩をノートに写して行きます。

この日は、最初の授業だったので「発言するときの約束」をしました。こういうのは、どんなふうに決めてもよいのですが、とにかく「はっきりと決める」というのが、小学校では大切なようです。3年2組では、発言の約束は次のようになりました。

> 3の2の発言の約束
> ・先生が手を挙げて質問したときは「だまって手を挙げる」。
> ・先生が手を挙げずに質問したときは、言いたい子がどんどん言って良い。
> ・発言するときは座ったまま言う。指名の返事はしなくてよい。

3時間目……外で写真を撮る

3時間目は子どもたちを外に連れ出して、名前の五十音順にひとりひとりデジカメで写真を撮りました。この写真はあとでプリントアウトして、（名前順になっているので）裏に名前を書いていきます。そしてその写真をトランプのようにめくりながら、名前を覚えます。まだ子どもと出会って二日目なので写真を見ただけではなかなか覚えられないのですが、それでも8割くらいの子の名前がこれで覚えられます。名前を早く覚えると何かと便利ですよね。

また、子どもたちの写真は台紙に貼って教室に掲示したりもします。最初の保護者会のころは掲示物が少ないので、こういうのを貼っておくと喜ばれます。

4時間目……給食当番と給食配り係

　もう，次の日から給食が始まるので，4時間目は給食のやり方を子どもたちに説明しました。給食の盛りつけと配膳はなかなかやっかいな仕事です。そこで，給食を盛りつける「給食当番」と，配膳する「給食配り係」を当番制にすることによって，スムーズな配膳につとめています。このようになるべく細かいところまでしっかり決めておくと，スムーズでストレスの少ない給食配膳ができると思います。

3年2組の給食のやりかた

・給食当番は　名簿順に6人ずつ1週間交代でやる。最初の週は名簿順に①〜⑥。配膳台は教室後方におく（次ページ）。
・名簿順の⑦〜⑫の子たち（次週の給食当番）は「給食配り係」（ウエイター・ウエイトレス）をやる。他の子たちは席について待っている。つまり，全員が「給食をもらいに」は行かない。
・給食当番の子は，配膳台の右側から順に並び，「給食配り係」に自分の担当する配るものを渡す。次の日は左にひとつずつズレ，左端（牛乳）の子は右端（トレー）に移る。
・牛乳は，「左端の牛乳当番の子」がケースを持って席を配り歩く。
・「給食配り係」（ウエイター・ウエイトレス）は一方通行になるように，教室内をぐるぐるまわりながら配膳する（次ページ図参照）。「配る係を決めて一方通行で」というのは，「たのしい教師入門サークル」の木下富美子さんに教えていただいたものです。
・全員，同じ量を配る。

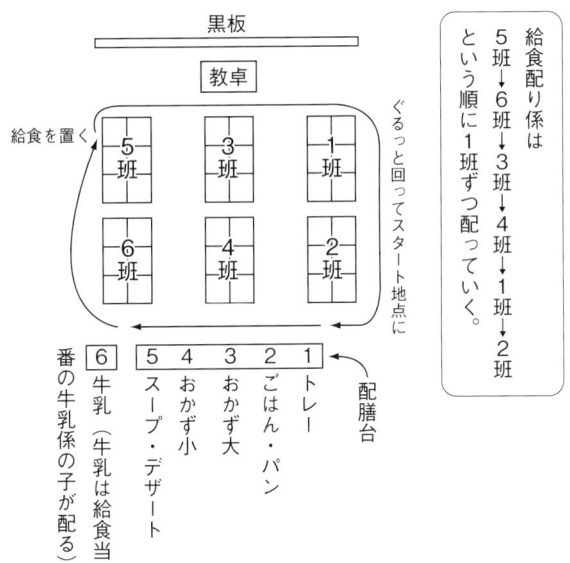

　八王子市はガラスビンの牛乳なのでキャップを被うビニール片が散乱しがちです。そこで、それだけを集める「牛乳ビニール集め係」を作っています。また、「いただきます」の合図も、日直ではなく「いただきますの係」を作って、その人にやってもらっています。

　補教（休んだ先生のクラスの自習監督）に行ったとき、2年生の岡田敏子先生の教室でやっていた「給食当番の名前ポケット」（誰が何の係になるかを、係

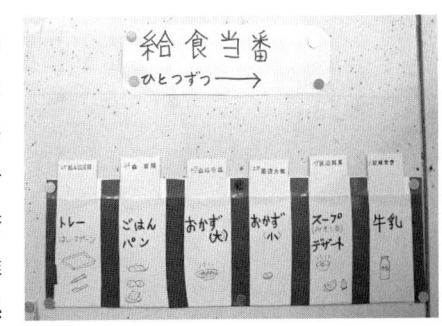

の仕事がかかれたポケットに名札を入れて分かりやすくしている）が良さそうなので，さっそくマネをしています。これは岡田さんが「大阪の講師時代からやっているやり方」だそうです。岡田さん，ありがとう。とてもいいです。

　「給食の配り方」について長々と書いてしまいました。でも，給食とそうじを時間内にどう終わらせるか，というのが小学校の学級運営の"肝(きも)"だと思っています。しかもたいてい，給食とそうじの時間は続いていることが多いので，その手際が昼休みの過ごし方にまでひびいてきます。よく昼休みにダラダラとそうじをしているクラスがありますが，それだけは避けたいと思っています。4時間目が体育で着替えに時間がかかって，給食が時間通りに終わらないことがありますが，そのときには，ボクはそうじは教室のゴミ拾いだけにして，昼休みはしっかり確保するようにします。

アイデアで勝負！
●マネできる楽しさを伝えたい

はじめての体育！

 4月10日（水。ボクは水曜日を「休み」にしてるけど，さすがに始まったばかりで休めません）。

 最初の週から算数だけは徳永さんに任せ，それ以外の授業はボクがやりました。4時間目に体育館で体育がありました。初めての体育です。

 子どもたちを4列に並ばせて準備体操を始めます。ボクが「1・2・3・4」と言い，子どもたちに「5・6・7・8」と声を出させます。「準備体操なんかいらないのでは？」と思うこともありますが，もう少し経ったら体育係の子たちに準備体操を任せて，その間に担任はいろいろ準備をしたいのです。ま，始まりの儀式みたいなものです。ですから準備体操はいつも同じパターンでやります（準備体操が終わった後に，その日の内容に合わせてストレッチをしたりすることもあります）。

 高学年でキックベースやサッカーをやるときは，45分間準備体操もやらないでひたすらやりますが，普通のときは2〜3種類の運動を組み合わせます。この日は「冷凍人間」（鬼にタッチされた人は〈冷凍人間〉になって，足を開いて立つ。タッチされていない〈生人間〉が冷凍人間の足の間をくぐると，〈冷凍人間〉も〈生

人間〉に戻れる。鬼が全員を〈冷凍人間〉にしたらおしまい。『教室の定番ゲーム』仮説社，参照）という鬼ごっこをし，次にクラス全員で（赤白に分かれ）「ドッヂビー」（『たのしい授業プラン体育』仮説社，参照）をしました。ドッヂビーは最初は外野は無しで始めます。この日は最初の体育で並び方とか集まり方なども教えながらだったので，この二つをやってちょうどいい時間でした。

　次の日（木曜日）の校庭の体育では「サッカーボールをけりながら走る「リレー」と「ドン・ピーキック」（『たのしい授業プラン体育』，参照）をやりました。体育の後で徳永さんが言います。

　徳永「体育ってあんなふうに，たのしいゲームをやっていいんですねえ」

　小川「いや，べつにキビシクやってもいいんですけどね（笑）。ボクは体育の時間はレクリエーションの時間ですね，基本的に。もし〈とび箱〉やらなきゃならないというときは，「前半にそれやって後半はドッヂボールで締める」みたいなパターンでやってる人が多いですよ，小学校は。廊下の窓から〈他のクラスの体育〉っていつも見えるのでマネするといいですよ。ボクの体育はイイカゲンだから（笑）」

　徳永「いやー，すごく勉強になりました」

　小川「そう？　ま，〈アイデア〉で勝負だよね。またいろいろ紹介するので」

低学年担任の醍醐味 ?!

　同じく木曜日の道徳の時間。「クラスの人と仲よくなろう」というようなめあてで，子どもたちに自己紹介をやってもらいま

した。前もって「自己紹介カード」に，それぞれ「好きな食べ物」「ならいごと」などを書いてもらっておいて，当日はそれを1人ずつ言ってもらいました。

　国語の本読みでもそうなのですが，ボクは，列ごとに順番に発言するとき，最後尾まで行ったら次の列は一番前に戻って（つまりいつも前から後ろに行く）発言してもらうようにしています。でも，こういうのもクラスによって違います。この日は，一番前の席の優奈ちゃんが，自分の番だと気付かなかったようです。他の子たちから「お前の番だよ」「早く立てよ〜」などと言われてしまい，シクシク泣き出してしまいました。

　「あ，ゴメンね。先生が悪かったね。後ろまで行ったら次の列は前からというの，もっとはっきり言えばよかったのにね。ゴメンね。じゃ，優奈ちゃんちょっと後でやってもらうから，先に次の人やってあげてね」とボクは言います。

　泣いていた優奈ちゃんでしたが，すぐに泣きやみ，次の子のあとで大きな声で自己紹介をしてくれました。〈優奈ちゃんという子，泣き虫かと思ったけどなかなかエライじゃないか〉とボクは思います。顔を赤くして自己紹介をがんばる優奈ちゃんが，ボクはチョッピリ好きになります。最近，高学年の担任が多かったので，こういう小さい子どもの柔らかさは，ずいぶん久しぶりに思います。3年生になったばかりで，まだまだ低学年の子どもたちですが，こういうのが〈低学年担任の美味しいところ〉かな，と思いました。

そしてはじめての仮説実験授業！……のはずが

　4月12日(金)。この日の2時間目に初めての仮説実験授業《空気と水》をやるつもりでした。〈朝の連続小説〉とか〈体育のゲーム〉〈詩の授業〉とかやってきたけど，いよいよ「真打ち登場！」のはずでした。ところが前日の放課後，とつぜん「明日の2時間目に1年生を迎える会の練習を学年でやることになっています」という話(聞いてないよ～)。だから行事は嫌いなんだなぁ。〈そんなの昼休みかなんかにアイサツする子だけ集めてチャッチャとやれば済むのに〉と思ったけど，ま，今年は「パートタイム」の身なので何も言いませんでした。

　「仮説実験授業をやる」ということでドキドキしてただけにガックリでした。1時間目は「少人数制の算数」(学年の3クラスを4つに分けてやっている)なので時間割の変更はできません。3時間目は「1年生を迎える会」。たいてい時間通りに終わらないので(だから行事は嫌いです……シツコイ？) 4時間目も無理。子どもたちがくたびれてる5時間目には，最初の仮説実験授業はやりたくありません。今日《空気と水》をやるのは無理そうです……ガックリ。

　気を取り直して5時間目の「総合」の時間に，〈クイズ100人に聞きました〉(『教室の定番ゲーム』)をやってリベンジ！　3年生の子どもたちが「そうごうってなあに？」と聞いてきます。

　小川「徳永先生に聞いて下さい……というのは冗談で，ええっとね〈いろんなことをやる〉時間です。国語でもない社会でもないみたいな」

　子ども「どういうこと？〈生活科〉なの？」

小川「〈生活科〉みたいなこともやります。じゃ，机を班の形にしてください」

　〈クイズ100人に聞きましたゲーム〉はとても盛り上がりました。終わった後，子どもたちが「小川先生，〈クイズ100人〉明日もやりたーい」と言ってきます。

　徳永「やー，すごーい。メッチャ楽しいですねー」

　小川「うん，授業を楽しいものにして，それで子どもたちを惹きつけるというのがボクの基本かな。子どもたちも学校ではガマンしなきゃならないこともあるけど，がんばれば楽しいことが待ってるよ，という」

　徳永「また，いろいろ教えてください」

　小川「もちろん。それがオレの仕事だから（笑）。でも，〈問題集〉さえあれば誰でもできますよ。ボクのネタってのは，みんなそうなの。そのうちわかるけど，誰でもできるものばかりですよ」

「クイズ100人にききました」

　「ある事柄（好きな食べ物等）について100人にアンケートをとり，その結果を予想する」というゲーム。班対抗ですると盛り上がります。例えば，「好きな食べ物は？」というアンケートの回答が「1位カレー…35人，2位ハンバーグ…23人，3位ラーメン…16人，4位すき焼き…12人，5位オムライス…8人，6位ピザ…6人」だった場合，カレーと予想した班には35点入ります（1問につき各班1回しか回答できません）。何回かやって，合計得点の多い班の勝ちです。クラスでアンケートをとって，「クイズ　○年○組にききました」という風にしても盛り上がります。詳しくは『教室の定番ゲーム』『ぜったい盛り上がる！　ゲーム＆体育』（どちらも仮説社）参照。

ドキドキの保護者会
●そして最初の1週間が終わりました

緊張！　保護者会で自己紹介

　話は前後しますが，始業式の3日後（11日，木）には，もう保護者会がありました。その2，3日前，徳永さんとボクは準備をしながらこんな話をしました。

　徳永「保護者会ってどんな話をすればいいんですか？」

　小川「4月の保護者会は学年全体会やPTA役員決めがあるから，学級の時間はあまりないんだよね。だから，徳永さんとボクが自己紹介をして，〈方針〉を簡単に述べて，あとお母さんからひとりずつ自己紹介をしてもらって終わりだよね。昔，自分の娘の保護者会に出たことがあって，延々と全体会をやって，教室に戻ったら担任の先生の話が全然無くてガッカリしたことがありますよ。短くてもいいから担任の先生の話は無いとね」

　そして保護者会当日，全体会が終わり，担任は先に教室でお母さんたちを待っていました。机がコの字型に並べられた誰もいない教室。

　小川「ほら，徳永さんはここに座るんだよ」

　徳永「エ～。これってめっちゃコワクないですか？」

　小川「そうだよ，親はみんなシーンとなっててさ。徳永さんがちょっと笑い取ろうとするんだけど，たいてい滑るんだよな。

ドキドキの保護者会

余計，シーンってなる（笑）」

徳永「うわー，どうしよう，恐え～」

小川「ははは，大丈夫だよ。でも何十年やっても保護者会って緊張しますよ」

やがて，お母さんたちが入ってきて学級の保護者会が始まりました。案の定，緊張でコチコチになってアイサツする徳永さん。

徳永「とにかく子どもたちの良いところを伸ばしたいと思っています。僕は出身は京都なんですが（シーン），なんかアクセントがちがうってよく子どもたちに言われるんですよ（シーン）」

針一本落ちる音が聞こえそうなほどの静けさ。徳永さんの心臓のドキドキが聞こえそうです。

徳永「僕は高校も大学もバスケットをやっていまして……」

小川「子どもにやったのをやってみたら？」

徳永「え？　ここでですか？」

小川「始業式の日に子どもたちの前で披露した技があるんですよ。ちょっと見せてもらいましょうね」

徳永さんが立ってボール回しをやると，「ホーッ」という声がお母さんたちから上がる。急に場がなごみ，お母さんたちも安心して笑顔を見せるようになる。ついでにボクも「テイッシュのカタツムリの手品」（前出）をやってみる。これもけっこう受ける。

そのあとで,「なぜ教室に担任が二人いるのか」という話をボクがお母さんたちにしました。お話の内容をまとめたプリントも配りました。以下がその内容です。

＊＊＊＊＊＊＊＊＊＊＊＊＊＊＊＊＊＊＊＊＊＊＊＊＊＊＊

新人育成担当の小川といいます。「新人育成担当」って耳慣れない言葉ですよね。「どうしてウチの子のクラスだけ先生が二人いるの？」と思った方もいることでしょう。「新人育成教員」の制度は３年前から東京都が独自に始めた制度ですが，まだ実施している学校がそれほど多くありません（将来的には新採用の先生たち全員に「新人育成教員」をつけたいそうですが）。

つまり,「たまたま城山小は今年〈新人育成教員〉が配置された。その学校に偶然，大学を出たばかりの徳永先生が来ることになった」ということなのです。あくまでも，徳永先生が担任ですから，保護者の皆さんも連絡は徳永先生を窓口にお願いします。小川は副担任ですが，小学校の副担任ですから担任クラスでだけ授業をやることになります。最初は多めに授業をやりますが，３学期にはほとんどの授業を新採の先生がやることになっています。

そんなわけで，ボク（小川）は３年２組専属ですのでよろしくお願いします。ボクの仕事は「若い先生の意欲をつぶさないこと，自立して教師の仕事が続けられるように，お手伝いをすること」です。若い元気な先生には若い先生の，ボクのような年取った先生にはそれなりの（笑）持ち味があります。おたがいの〈持ち味〉を生かしてやりたいと思っています。

☆こんな授業をします

【A】子どもたちの血や肉となるメニュー（大切です！）……漢字，作文，計算，朗読など。

【B】子どもたちが，自分の有能さに気づくメニュー（技能をみがく）……絵，ものづくり，体育の授業など。

【C】子どもたちが意欲的に学び，歓迎してくれる授業……教科書以外に科学の授業（仮説実験授業）もやります。

【おまけ】クイズ，ゲーム……雰囲気をなごませ，みんなが仲良くなれる時間。〈アイスブレーク〉も時には必要ですね。

＊＊＊＊＊＊＊＊＊＊＊＊＊＊＊＊＊＊＊＊＊＊＊＊＊＊＊

　ボクと徳永先生のあいさつのあと，お母さんたちに一人ずつ自己紹介をしてもらいましたが，どのお母さんもニコニコ顔でとてもなごやかな保護者会になりました。「お母さんたちに順番にしゃべってもらう」というのはいつもやると嫌われるかもしれません。でも，最初と最後（3月）は，ボクはいつもこのパターンです。

　「最初にアイスブレーク（手品とか）しておく」のが大切だと最近痛感しています。なごやかな雰囲気だと，順番に発言をしてもらうのも楽しいです。

　こうして無事に最初の保護者会が終わりました。緊張から解放された徳永さんはこの日，帰って気がついたら8時ごろバタンキューだったそうです。ボクもホッとしました。

　緊張と疲労の1週間は，こうして過ぎていったのでした。

「新人育成教員」のジレンマ
●朝自習,どうしてますか?

騒がしい子が気になる……

　4月23日(火)。3年2組もスタートから2週間がすぎました。「教室にいつも担任がふたり」というのは何かと疲れるらしく,家に帰ると夕方いつもウトウトしてしまいます。でも,3週目になり,少しそれにも慣れてきました(お互いの距離を保つというか,子どもたちのお世話は担任の徳永さんにお任せするようにしている)。

　でも,子どもたちも学級や担任に慣れてきたらしく,授業中は教室の騒々しさが気になります。現役時代のボクは「○時間目のべんきょうをはじめまーす」という授業開始のアイサツはやってませんでした。チャイムですぐ授業が始まったので,そんな必要はなかったのです。

　でも,今年はいろいろな人が授業を見に来るはずなので,「学習係」というのを決めてアイサツをするようにしています(日直は置いていません)。

　チャイムが鳴ります。学習係の木村君が「静かにしてくださーい」と言っても,なかなか静かになりません。ずっと立ったまま本を読んでいる子もいます。こんな時,今までだったらボクは,〈チャイムで動くクラス〉になるようにガミガミ怒っていたので

すが，今年はちょっと遠慮してしまいます。でも，そうはいってもダラダラした子どもたちにはイライラしてしまうのです……。

　ボクは教室の後ろに児童用の机をひとつ置いて，授業中はそこに座るようにしています。休み時間にプーさんの手品を取り出して，「あれ？　これどうやるんだったかな」といじくっていると，子どもが寄ってきます。
　「何それ？　手品？　ね，ね，やってみて」
　小川「うん，今度ね」
　子ども「今やってよー」
　そういえば，今年は子どもたちの前で手品をやったりしてません。「いつものボクだったら，手品をしたり，クイズを出したり，授業中もダジャレを言ったりしてたのに」と思いました。
　いつも新卒の先生に見られているからカッコつけてるというわけでもないのでしょうが，なんとなく「自分の色」を出すのがためらわれていました。「自分が中心になっちゃいけない」と遠慮しちゃうのです。「今年は，オレらしくないよなー」と思い始めます。予想していたことですが，こういうのがちょっとジレンマ（両方うまく行かない悩み）になることがあります。

朝自習をスッキリさせた〜い！
　3年2組の朝自習のやりかたも気になっていました。いつものボクだったら「漢字ドリルの例文をノートに書き写す」という自習を月・水・金の8時20分から35分までの15分間，ひた

すらやっていました（宿題や朝自習はワンパターンな方が良いのです）。

　ところが，今年は漢字のノートのマスの数がバラバラだったり，漢字の練習が進まなかったりして，なんとなく最初の1週間の朝自習は読書をやらせていました。すると，2週目から徳永さんが「宿題の間違い直しなどをやるように」と子どもに言ったらしいのです。その結果「宿題直しをする子」「本を読む子」「本棚の前でずっと本を選んでいる子」「3人くらいで立って絵本を見ている子」「何もしないで遊んでいる子」……が混じった状態になりました。もちろん，ワイワイガヤガヤしています。

　最初は，「ま，それでもいいかな。子どもが教室に入っていさえすれば……オレのクラスでもないんだし」と思いました。実際，朝の職員打ち合わせが早く終わったときに，いろいろなクラスをのぞいて歩いてみると，集中して全員同じ課題をやっている教室は意外に少ないのに気づきます。「朝自習はこうやらないといけない」というきまりがあるわけでもないし，ほんと，クラスによってさまざまです。

　「計算ドリルや漢字ドリルの好きなページをやる」ということになっているけどやっていなかったり，「終わったー」と言って遊んでいる子も多いようです。終了時刻の8時35分にならなくても，先生が教室にもどったらそこで自習が終わって「朝の会」に切り替わっているクラスも多いようです。中には，先生が来る前から子どもたちの日直が司会をして朝の会を始めようとしているクラスもあります（たいていうまく始まってませんが……）。

　朝，ボクが教室に行くと木村君という男の子が「先生，○○

「新人育成教員」のジレンマ

君がボクの悪口を言ってくる」としょっちゅう言いに来ます。「朝自習の時間,立ち歩いていたりおしゃべりしててはダメだよ」と,朝からお説教もしなければなりません。朝はスッキリ,さわやかに始めたいですよね。それとやっぱり,「もったいない」とも思います。朝は子どもたちのノーミソもフレッシュで,とても集中できます。ボクは宿題はそれほど重視してないけど,朝,集中してドリルをする時間は大切にしたいと思っています。本当はそのための時間を毎日,1時間目が始まる前に15分くらいほしいと思っています。できたら教師が教室にいる状態で。その時間に連絡帳の返事を書いたり,提出物の点検をしたり,やりたい仕事はいくらでもあります(残念ながらすぐ1時間目が始まってしまいますが)。

4月26日(金)。自分がガマンできなくなって,それまでやっていた朝自習(宿題の直し)を「漢字ドリル例文の書き写し」に変えてもらうことにしました。今年は漢字ノートがそろっていないので,「それなら」と,ノートは自作しました。例文を20個書けるプリントを20枚×30人＝600枚印刷し,20枚ずつホチキスで綴じたものを配りました。

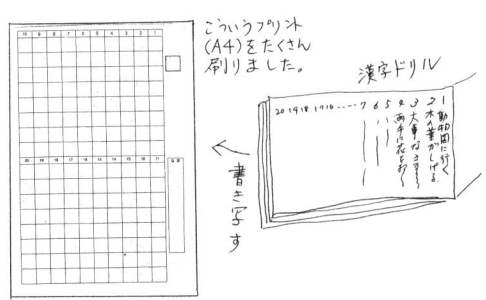

この日,ボクは職員打ち合わせに出ないで,子どもたちに朝

自習のやりかたを説明し、15分間ずっと見ていました。1分たっても2分たっても、なんかゴソゴソやっててなかなか始めない子が2人いますが、さすがにオシャベリをしている子はいません。集中してやる15分間はとても長いのですが、みんなよくできています。プリントを集めましたが字がとてもていねいに書けています。

　後日、道徳の時間に、「3年2組の良いところは?」という質問をしたとき、「らんぼうをする人がいない」という意見の他に、「あさじしゅうをちゃんとやっている」という声が上がってきました。スッキリした朝自習のやりかた、「やりたくない」という子はいないし、けっこうみんなはりきってやっています。

余裕があると楽しいな

　さかのぼって再び4月23日(火)。朝、体育館で全校朝会。徳永さんは「学校で一番早く体育館に行って並ぼうよ」と子どもたちによびかけています。先週もがんばったのですが惜しくも2位だったそうです。この日、「ついに1位になりましたー」と大喜び。クラスのみんなで記念写真を撮ったりしています。子どもたちも、こういうシンプルな競争がけっこう好きです。

　そういえば、ボクも20代のころ、「運動会で優勝しよう」とはりきっていたことがありました。そのときは学年を縦割りで4色に分けて、運動会の優勝を競っていました。6年担任のボクは、自分のクラスの学年競技だけでなく、全校競技やリレーでも勝てるように子どもたちにハッパをかけていたのを今でも思い出します。今の自分からは想像もつきませんが……(笑)。

その日の1時間目。算数は徳永さんにお任せして，ボクはひとり校庭でトラックの線を引いていました。リレーをやりたいので，「だれか線を引いてくれないかな」と思っていたのですが，だれも引いてくれません。みんな忙しいのです。ヒマなボクが校庭いっぱいに楕円形の線を引き，リレーゾーンを描いてゆきました。白い雲の間からは青空がのぞいています。気持ちのいい風がときおり吹いてきます。描いたばかりのトラックを一周走ってみました。2時間目のリレーの授業もたのしく行うことができました。

　「もう体育の授業はカッタルイ」というのが，フルタイムではなく今の仕事を選んだ理由のひとつでした。でも，4月・5月は校庭の体育もボクがやっています。カッタルかったはずの体育が，わりと気持ちよくやれるのに驚いています。ボクが先に校庭で準備をしていても，子どもたちのめんどうは徳永さんが見てくれて，子どもを連れてきてくれます。おかげで，すぐにスッと授業も開始できます。ボクは「体育の授業そのものが嫌い」ではなかったことに気づきます。

　「体育が面倒」なのではなく，「体育着に着替えるヒマもないほど余裕の無いなかで急かされて週3回の体育をやらなければならない」のがイヤだったんですね。体育にかぎらず，今年のように余裕を持って一時間一時間やれると，どの授業もけっこう楽しいな，と思います。

迷いつつ悩みつつ
●新人先生からもらったありがたい言葉

仮説実験授業が始まった！

1時間目が行事でつぶれ，ガッカリしていた仮説実験授業ですが，2週目から《空気と水》を始めました。3年生の子たちは，はりきって意見をいっぱい言ってくれるので，1時間に1問しか進まないのですが，久しぶりの「小さい子たちとの仮説実験授業」が，とっても新鮮です。

4月23日（火）の4時間目は〔もんだい4〕でした。

〔もんだい4〕

水の上に空気の入ったコップをさかさまにしてたていれます。

このコップの中の空気を図のようにしてくだですい出したら，コップの中はどうなるでしょうか。よそうをたててからやってみましょう。

　よそう
　　ア．コップの中は，空気もなにもないからっぽになる。
　　イ．コップの中には，水があがってくる。
　　ウ．空気をいくらすっても，コップの中は空気がはいったまま。

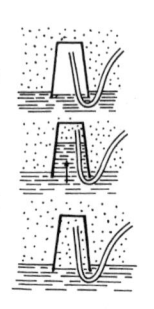

授業書《空気と水》〔6〕

最初の予想分布は,

　ア．からっぽになる　……10人
　イ．水があがってくる……7人
　ウ．空気が入ったまま……11人

……という結果になりました。予想を数えた直後に,「変えたーい」という手があがります。

水谷君　「ア」から「ウ」に変わります。〔以下「ア→ウ」のように略記します〕

神山君　イ→ウ。

佐々木さん　ア→ウ。

山中君　ア→ウ。

オガワ　「イ」の人で，理由を教えてくれる人いますか？

志村さん（イ）　今まで水は空気におされていたけど，その空気がなくなっちゃうから水が上がってくると思います。

　「ア」や「ウ」の子たちからはこんな理由が……

川村さん（ア）　水の上でやるんだから，空気がなくなっても水は上がってこないと思う。

竹野君（ウ）　先生にしつもんなんだけど，1回すって,「もうムリ」ってなったら何回くらいすうの？

オガワ　そうだね，やってみないとわからないけど，チュパチュパ何回でもすいます。

だれか　赤ちゃんみたいに？

神山君（ウ）　空気はそこまですえない。人間の能力を超えてる

と思う。

竹野君（ウ）　すうのやめたときにその細いくだから空気が入ってくるから空気はなくなんないと思う。

君野さん　ウ→ア。

川村さん　イ→ウ。

菊谷君　ウ→ア。

長谷川さん　ウ→ア。

　「ア」に変わる子がたくさん出て，「ア」の子たちから歓声が上がります。

オガワ　じゃ，ほかの予想に言いたい人？

森村さん（ウ）　「イ」に言いたい。空気はすってもぜんぶなくなるわけじゃない。

河内君（イ）　ぜんぶすえなくても，ちょっとでもへれば水が入ってきやすくなると思う。

多田君（ウ）　「イ」にはんげきする。チョコチョコすっても吐

くときに空気がもどってくると思う。だとしたら，水が上がろうとしても，空気がまた戻ってくるから水はこないと思う。

河内君（ウ） 空気をはくときは，一回くだをおさえて外ではけば中にはもどらないと思う。

だれか　えー，そんなのズルいよー。

だれか　鼻からはけばいいじゃん。

だれか　そうだよ。プールでもやるし。

オガワ　じゃ，実験やる前に変える人？

森村さん　ウ→イ。　長谷川さん　ア→ウ。　菊谷君　ア→ウ。
江口君　ア→ウ。　小池君　イ→ウ。　梶原君　ア→ウ。
松本さん　ア→ウ。

　今度はウに変える子が続出。でも，他にも変更が出てきてもう数がわからなくなったので最終的に予想を数え直しました。

　ア．からっぽになる　……1人
　イ．水があがってくる……9人
　ウ．空気が入ったまま……18人
さて

軽くすっただけで水が上がる
〔イ〕が正解．

ヤッター〜

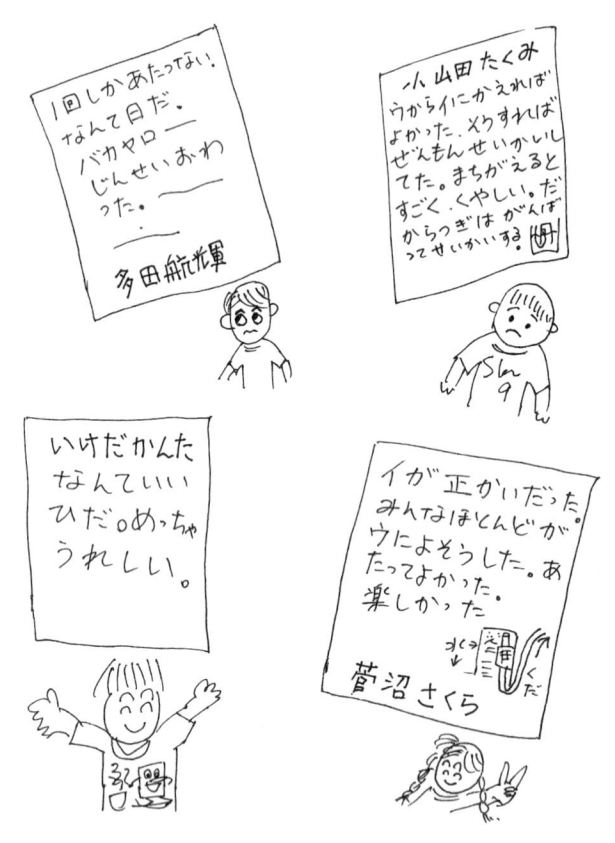

> 1回しかあたってない！なんて日だ。バカヤロー　じんせいおわった。
> 多田航光軍

> 小山田たくみ
> うちらいにかえればよかった。そうすればぜんもんせいかいしてた。まちがえるとすごく、くやしい。だからつぎは がんばってせいかいする

> いけだかんた　なんていいひだ。めっちゃうれしい。

> イが正かいだった　みんなほとんどがウによそうした。あたってよかった。あ楽しかった
> 菅沼さくら

　3週目になって，子どもたちのお世話や学級事務は担任の徳永さんがやるので，ボクは毎日，〈授業専科〉のような形でやることができています。その授業の準備でいろいろ取りに行ったりして学校中を歩き回ることも多いけど，精神的にはすごく楽です。学級担任の「美味しい部分」だけやらしてもらっていて申しわけなく思うこともあります（カンベンしてね，笑）。

あ，でも，掃除のときとかはけっこうボクが中心になって，毎日子どもたちをどなりまくっています。シツケが浸透したクラスではありませんが，〈朝の連続小説〉と〈仮説実験授業〉をやる分には，何にも困らないから不思議です。

「小川先生はありがたい」というありがたい言葉

　4月25日（木）の放課後の職員室。前日は「育成指導研修を受けている新卒の先生たちが集められた研修会」がありました。

　小川「きのうの立川の研修会どうだった？　何人くらい集められたの？」
　徳永「100人くらいでしょうか。うちの市は10人くらいでした。前半は講義があって後半はグループに分かれて話し合いでした」
　小川「話し合いはどうでしたか」
　徳永「それが……〈小川先生はありがたい〉と思いました」
　小川「え？　どういうこと？　教えて，教えて」
　徳永「なんか女の先生だと，その……（モジモジ）」
　小川「細かいとか？」
　徳永「そうらしいです。〈出来ないことをいろいろ指摘される〉とか。ほかに出た話では，やってる授業を途中で止められて〈そこはそうじゃない〉って言われるらしいんです」
　小川「へー」
　徳永「それで，子どもたちも先生が二人いてとまどっているという話でした」
　小川「そうですか。まー，たいへんだよね，いろいろ。でも，

そういうオレだっていつも迷いながらやってるのかな」

徳永「そうなんですか。そうは見えないけど」

小川「初めての仕事なのでいろいろ迷いますよ。じゃ，部会が終わったら来週の家庭訪問の打ち合わせを20分くらいやりましょうか」

徳永「はい，お願いします」

　新卒の「研修生」だけ集まった会で，「小川先生はありがたい」と徳永さんが感じてくれたということは，ボクとしてもとても嬉しい言葉でした。ボクだって，例えば徳永さんの授業を後ろから見ていると，いろいろ気がついたりすることはあります。でも，それをすぐにパッと言わないようにしています。「傍目八目（おかめはちもく）」と言って，傍観している人はいろいろ気づくけど，当事者になってみないとわからないこともあります。要するに「口ではなんとでも言える」わけです。「では，実際にどうやればいいのか」というのは，ボクが考えて自分でやってみるしかないと思うんです。

　パッと気づいて教えてあげたほうが良いこともあると思うのですが，それよりも，授業のやり方は「上手く行った授業を見てもらう」のが一番だと考えています。ボクだって仮説実験授業とかは自信がありますが，それ以外の分野はかなり怪しいかも?!

　先日の2時間目。徳永さんのやっている算数の授業で，子どもたちが先生の説明にいちいち口をはさんだりして話の腰を折り，話をよく聞いていない子が目立ちました。徳永さんも少し

怒りながら授業をしていました。そして同じ日の4時間目――ボクが社会科の授業をしたのですが，子どもの反応が徳永先生の算数と同じなんです。もう，ワーワーうるさくて説明ができない。何度も怒るボク。

　小川「あのさ，最後までちゃんと聞いてよ」「勝手に立ち歩くな。ドアを閉めてなんてたのんでないでしょ！（怒）」

　子どもたちの，「授業中の話の聞き方」が悪いのも事実だけど，「教材が面白くない」というのも原因なんですよね。逆に「教え方が上手くて，どんなツマラナイ教材でも生き生きした授業ができる先生」なんて，徳永先生には目指さないでほしいと切に思います。

　授業のあとで，「あんなふうにキビシク叱っていいんですね」と言う徳永さん。

　小川「あんなのかわいいもんだよ。去年の4年生なんてすごく行儀わるくて，1学期はオレ，声カレたもん」

　ワーワー，うるさい子どもたちだけど，可愛いです。でも，あのうるさいのはなんとかしなくちゃな。仮説実験授業の授業の様子を録音して聞くんだけど，うるさくて発言が聞き取れないことがあるんです。うーむ，ほんといつも〈迷いつつ悩みつつ〉です。

On a slow boat

ボクが新卒だった頃

同学年の先生に反発していた

　今，ボクは迷いつつ悩みつつ，「新人育成教員」の仕事を始めています。「もっとボクが強引に〈授業の進め方〉を徳永さんに教えたほうがいいのかな？」と考えたり，「でも，教科書の授業ってオレも自信ないんだよな」と思ったり……。そんな毎日です。

　ボク自身が，新卒だった年のことは今でもよく覚えています。昌夫先生（38歳）と今日子先生（40代）との3人で4年生の担任でした。今日子先生はとても穏やかな人で，いつもニコニコしていました。ボクが赴任した小学校の校歌を作詞したのもこの今日子先生。文学少女がそのまま歳を重ねた感じの先生でした。

　対照的に，昌夫先生は元気な人で，言うことややることが明確な先生。「自信を持って我が道をつき進んでいる」という感じの人でした。口ぶりもはげしく，「おめえがよぉ〜」なんて強く言ってくるので，ボクもたじたじでした。真っ赤な顔をして子どもたちをすぐに怒鳴りとばすので，ボクは苦手でした。

　ときどき昌夫先生から，「アンタのやり方だと子どもに力はつかないよ」みたいなことも言われましたが，ボクは無視していました。そして，心の中で「オレはあなたのような教師にはなりたくないんだ」と思いました。

　そのころは，小学校の2・4・6年生で知能検査をやっていましたが，検査結果の「知能指数」を指導要録に記載するかどうかで，昌夫先生と職員室で口論になったことがありました。ボクは「知能検査の結果を記録して残すのはお

かしい」と言い張り，けっきょく学年で指導要録に載せるのは見送ることになりました。今思うと，新卒なのによくケンカできたな，と思いますが，ボクにはボクなりの正義感があってのことでした。

そんなことがあって以来，昌夫先生はボクに何も言わなくなりました。今日子先生はいつも「いいのよ。先生の思うようにやってください」と言ってくれました。

今とちがって組合が強かった時代でした。行事も多く，落ち着かない学校でしたが，「自由に何でもやっていい」という雰囲気に満ちていました。「教科書をやるのではない，教科書でやるのだ」というような言葉がとびかい，教科書を使わずにプリントを自作して授業をやる先生がたくさんいました。

「教科書通りに授業をやる」のは安心です。大きな船に身を任せているようなものです。それに対して，自分で授業を1から組み立てるのは，ひとり小舟を漕いで川を渡るようなものです。ボクは同僚の先生から何かを学ぼうという気持ちはなかったのですが，自分なりに工夫して授業をやりたいという気持ちは強かったと思います。

でも，いろいろな教育書を読んだりしてやってみたものの，教師ひとりの工夫には限界があり，授業は上手く行きませんでした。次第にボクは自信を無くして行きました。でも，新卒のときからの「ひとりで船を漕ぐんだ」という強い気持ちがあったから，7年目の春に誰に紹介されたわけでもなく仮説実験授業と出会うことが出来たんだと思っています。

昌夫先生に助けられた学芸会

先輩の昌夫先生に激しく反発していた新卒1年目の11月，学芸会がありました。行事があると学校中が燃え上がる学校でした。学芸会本番の日は朝から夕方まで出し物が続きました。今，そういうことをやっている学校はないのですが，劇をクラスごとにやっても良かったのです。ボクの4年生も，クラスごとにやることになりました。

昌夫先生のクラスは「道徳っぽい生活劇」。今日子先生のクラスは「宮沢賢治の動物劇」。ボクは，図書室の台本集に載っていた「ハーメルンの笛吹き」をやることになりました。

　配役を決め，セリフの練習を教室でひと通りやり，体育館での練習が始まりました。体育館の舞台で練習をしてみると，子どもたちの声は小さいし，何を演じているのかわからない様子でした。本番まで残された時間はわずかでした。同学年のクラスの劇とのあまりのちがいに，ボクはボーゼンとしていました。

　すると，それを見かねたのでしょう。昌夫先生が体育館で劇のやりかたをひとつひとつ教えてくれました。

　「セリフを言う子が舞台の奥でしゃべっていたらだめだ。なるべく舞台の前に来て，観客席の方を向いて言うんだよ」

　「セリフは一言ひとこと，ゆっくり大げさに言わないと，観客には通じない」

　「前の子が言ったあと，すぐに次の子が言ったらダメ。1・2と数えるくらい，間を取って言うんだ」

　——こんな昌夫先生のアドバイスは，とても分かりやすく役立つものでした。

　数日後「小川さん，良くなったよ。この前とは見違えるようだよ」と，昌夫先生が言ってくれました。実際，本番でも子どもたちは生き生きと劇を演じ，ボクはとても満足でした。このとき以来，劇の面白さを知り，ボクは学芸会が大好きになったのです。昌夫先生のおかげでした。

昌夫先生の道，ボクの道

　昌夫先生のことを，ボクはその後も避けていました。でも昌夫先生は，たまにボクにこんなことを言ってくれました。

　「アンタのクラスの子どもたちは，アンタと話すとき顔が生き生きしているよ」

　こういう言葉は嬉しくて，ボクは今でもよく覚えています。昌夫先生とはこの年一年かぎりの付き

合いで，その後も仲良くすることはなかったのですが，次の年に昌夫先生が膵炎で入院したときに，八王子からお茶の水の病院までお見舞いに行ったことを覚えています(学校で浮いている感じの人で，お見舞いに行く人はほとんどいなかった)。

　新卒のときに昌夫先生から積極的に学ぼうとしていたら，今とはかなりスタイルのちがう教師生活を歩んでいたかもしれません。ボクは今の「仮説実験授業が大好きな自分」が本当に好きなので，あのとき昌夫先生に反発したのは間違いではなかった，と今でも思っています。でも，それは「昌夫先生は悪い先生だった」ということではないのです。

　だから，立場が変わって，ボクが新卒の指導教官になったり，「新人育成教員」になっていることに対しては，すごく複雑な気持ちです。かつてのボクのように「若者は自分の道を貫きたいのが当たり前」とも思います。でも，それで上手く行かなかったら，どうか仮説実験授業のような本物の教育方法にぜひめぐり逢い，それを自分にたぐり寄せてほしいと切に思います。

2 教師の仕事は忙しい!?

教師の仕事は忙しい？
●まず教師が時間を守る

改めて実感する忙しさ

「新人育成」の仕事を始めて思ったのは，「小学校教師の仕事ってなんて忙しいのだろう」ということです。自分が少しヒマな立場になって，そのことがよく見えてくる気がします。「自分がどれだけ忙しいのか」なんて考えるヒマもないくらい忙しかった，とも思います。

今年は教室が西の端になったことも手伝ってか，とにかく一日よく歩かされます。万歩計で測ったことはないのですが，相当な歩数になるのではないでしょうか。職員室（2階の東側）から教室に行くだけで100メートルはあります。

子ども「先生プリント1枚足りません」

小川「ちょっと待ってて，コピーしてくるから」

これだけで往復200メートル走らされます。

休み時間は5分しかないのですが，この5分間がまた忙しいのです。30人の子どもたちもいろいろなことを言ってきます。

「先生，ぼくの色鉛筆の青がなくなったー」

「○○君がバカって言ってくるー」

「体育着を忘れました」

「赤白帽がありませーん」

「先生，きょうの体育なにやんの？」

「私ね，きのうイオンモールに行ったんだよ」

「ボクこんどの土曜日，長野に行くの」

こんな中で，親からの連絡帳に返事を書いたり，保健室に行ったきり戻ってこない子どもの様子を見に行ったりします。次の授業の準備もします。気がつくと授業の片づけは後回しになっていることが多いです。と，思ったら，泣いている子がいます。

小学校の担任は，一日中ジャージを着ている人が多い。そのほうがラク，仕事に好都合というのもあるけど，体育の授業の前後に着替えている時間がないからなのですね。

ベテランほど忙しい？

仮説実験授業をやっていると，「子どもたちを遊ばせてばかりいるんじゃないか」と保護者から言われることがあるようです。ボクも仮説実験授業をやり始めた頃，言われたことがあります（その後，あまり言われなくなりましたが）。でも，実のところ，ボクの場合「仮説実験授業を知らなかった時期」のほうが今よりずっと，子どもたちをムダに遊ばせていた気がします。

4月に，新卒の先生といっしょに仕事をスタートさせたときに，当たり前なんだけど，「動くスピード」が全然ちがっていました。新卒の先生はどう動いていいかわからないわけだし，ボクの方はコマネズミのように校舎の中を歩き回り，子どもに何か言い，道具を取りに行き，プリントを配り……。

ボク自身もそうなのですが，若いときは今ほど密度の濃い仕事をしていなかった気がします。給食当番の仕事を手伝うこと

もなかったし，掃除の時間はいつも紙を印刷したりしてました。1時間の授業でも，ひとつのことをダラダラやってた気がします（今は常に2つ以上のメニューを組み合わせています）。朝自習の時間なんかも，子どもの自由時間でした。ムダな時間もずっと多かった気がします。

　今は，給食の配膳で子どもたちが手間取っているのを見ると，「ちょっとやらして」とすぐに手伝うし，掃除も見ているだけだと遊んでいる子ばかり目についてイライラするので，自分もほうきを持って一生懸命教室を掃いています。教師の自分が動いて，時間通りに子どもの生活を動かして行ったほうが気分がいいのです。

　時間通り，チャイム通りに動く気持ちよさ（小学校は意外にこれがルーズです）を味わうことができていると，自然に子どもたちの生活が時間通りに流れて行きます（といってもボクも2学期3学期になっても「早くしなさい，チャイムが鳴るよ」と大声出してることがけっこう多いのですが）。

まず教師がチャイムを守る

　「チャイムを守る」ことで一番簡単なのは，「担任のボクがチャイムを守る」ことかもしれません。ボクがよくやるのは，「ええと，だからここでわかるのは，（キンコンカンコン〜……チャイムの音）はい終わりまーす」と，即，授業をやめる。これは小原茂巳さん（明星大）がむかし中学校でやっていたのをマネしています。いつも必ずそうできるわけではないのですが，でもたいてい，チャイムが鳴り終えるまでには授業をやめています。

ときには，チャイムが鳴ったらわざと黒板の前で"固まる"パフォーマンスをやります。これは何度やっても子どもたちには大受けです。新卒の徳永さんも子どもたちといっしょに大笑い。「すぐ授業をやめるってなかなかいいですね」と話しかけてきます。こういうところが新卒の先生は気持ちがいいです。きっと授業を受ける子どもたちの立場により近いのでしょう。ボクがチャイムと同時に固まるパフォーマンスをして以来，徳永さんもチャイムが鳴るとすぐに授業をやめるようになりました。研究授業なんかでやったら，きっとヒンシュクものなのでしょうが（チャイムが鳴ってからも延々と続く研究授業がけっこう多い）。

 小原茂巳さんは言います。「教師は，まず子どもたちから嫌われないようにすることが大切。終わりのチャイムを守るのはそのひとつですよ」と。チャイムを守るのって最初は（教師根性があって）チョッピリ物足りなかったりするんですが，慣れると，教師のボクもなかなか気持ちがスッキリします。

でも，そうはいっても，ボクは忙しいのは嫌いです。体育の授業だって，年を取るにしたがってだんだんと面倒になりました。「忙しさに負けて〈たのしい授業〉をやる意欲が減少する」ということのないようにしたいものですね。

現役時代のボクは「忙しい，忙しい」と思いながらも，5時になるとサッと帰っていました（もちろん今もそうです）。そのために，テストのマルつけは授業中にやってたし，授業の準備も当日になってからバタバタやっていました。給食を食べ終わったあとも，よく連絡帳の返事を書いたりしていました。家に帰ると家のことはなんにもしないのに，教室ではどうしてこんなにマメなのかと不思議に思います（笑）。

怒るのは職業病？
●でも，あんまりデカい声に頼るのは……

ニコニコなんてできない！　だって怒ってるんだから！

　新人育成指導員をやっていて，正直「面倒くさいなー」と思う場面もあります。たとえば，チャイムが鳴ってボクが黒板の前にずっといるのに子どもたちのワイワイガヤガヤが収まらないとき。去年のボクだったら，大声で怒鳴るか棒で教卓をたたいていたでしょう。一瞬で静まりかえる教室。シーン……。「すぐにニコニコして授業」なんて，ボクはできません。だって怒っているんだから！　当たり前です。だからたぶん「おい，なんで今先生が怒ってるかわかるか？」とお説教を始めていたと思います。

　子ども「みんながうるさいから」

　小川「(大声でビシッと) ちがう！」(ふたたびシーン……)

　小川「チャイムが鳴ってるのにうるさくしているからだ。4年生にもなって先生に怒鳴られないと動けないようじゃ困る。チャイムで動け。1年生の子どもたちはチャイムが鳴ってもそれが始まりのチャイムか終わりのチャイムかわからない。お前たちは……ガミガミガミガミ」

　ボクはいつもこんなパターンで「騒々しい」→「怒鳴る」→「シーン……」→「お説教」の繰り返しでした。

スーパーで見ず知らずの子どもが走り回っているのを見ると思わず怒鳴りたくなるところからも，これは身にしみついた「職業病」（？）じゃないかと思うときもあります。
　でも，今年は怒鳴りたくなるのをガマンしています。だって，いつも教室の後ろに新卒の先生がいるんだから……。カッコ悪いというか，そういう「怒り方」の変なクセをマネされるのはイヤだなあと思うからです。あと，伊藤恵さん（東京・小学校）がこんなことを言っています。

　「男の先生はすぐにデカイ声でどなる人が多いけど，アタシたちはそういうワザは使えないわけだしさ。でも，デカイ声に頼ってなんでも怒鳴ってりゃいいってもんじゃないよ。ちゃんと考えてシツケとかやってんのかな，って思うもん」

　ボクはどっちかというと，この「デカイ声にすぐ頼るタイプの先生」かもしれないなと思うときもあります。でも，今こうして書いている〈教師の仕事〉みたいなものを，若い先生たちだけでなく，子育てで時間に余裕のないお母さん先生にも役立ててほしいという願いもあります。だから今年は，「怒鳴らないでやるのも実験だ」と思うことにしています。
　2年前に6年生を担任していたときの同学年に，新卒6年目の男の先生がいました。この人は，ほんと最近の「草食系男子」で，子どもに大声を出しているのを2年間に一度も見ませんでした。子どもたちはいつも騒々しくてだらだらしているようにボクには見えました。

でも，2年目になると教室がいつもほんわかしていて，給食を食べ終えた子どもたちが床に寝そべって静かに本を読んでいたり，トランプをやったりしています。ギスギスしたケンカも目立たなくなりました。「あれはあれでアリなのかな？」と，そのときボクは思いました。

　最近は，そういう「大声を出さない男の先生」がすごく増えた気がします。今年組んでいる徳永さんもそのタイプみたいです。でも，だからなのか，廊下を走って，平気で先生を追い抜いて行く子がたくさんいます。そんな子どもたちを一生懸命怒鳴っているのは用務員さんだけ，という状態です。こういうの見ていると，うーん，イライラするかも……。実際，教室で子どもたちがうるさくしてると，「ああ，面倒くさい。オレに全部まかせてくれたら，もうちっとビシッとやるのに」って，つい思ってしまいます。こういうのはちょっとストレスですね。ああ，面倒くさい（笑）。

　「怒る」ということで，日高きく代さん（東京・小学校）は「ためしに〈ひとりの子を怒るのはその時間3回まで〉と決めてみたら，意外に感情的にならず，余裕を持っていたずら坊主の注意ができるようになった」と書いています（日高きく代「怒るのは3回まで」『たのしい授業』No.382，2011年8月号）。

　腹が立つから怒っちゃうわけだけど，いつも同じ子ばかりを注意しているときは，「〈怒るルール〉をムリにでも設定することで様子が変わる」というのは，なかなか興味深いと思いました。

子ども同士が注意し合うのは……

「子どもってのは先生に怒られるのは平気なもんだよ」と板倉聖宣さん(仮説実験授業研究会代表)もよく言います。子どもは「大人に怒られるのが仕事」みたいなところがありますよね。だからボクは、「怒られるときはみんなで怒られようね」と子どもたちによく言っています(笑)。

ボクが嫌いなのは「子ども同士が授業中に大声で注意し合うこと」です。今のクラスも、4月のはじめ「○○君、ちゃんとしてください」という注意の声が飛び交うのでビックリしました。「そういうのは先生は嫌いなのでやめてもらえますか」と何度もお願いしています。「注意するのは先生の仕事なので、オレの仕事奪わないで」と、高学年だと言うことがあります。

「お互いに注意し合ったほうがちゃんと話を聞けるクラスになるのかな？」とボクも考えることはあるのですが、どうもクラスの雰囲気がピリピリして好きになれません。隣の席の子にこっそり教えてあげるのはいいですよね。「ホラホラ、先生におこられるよ」と。徳永さんは「そういう時は肩をトントンやって教えてあげて」と言っています。そういうのはとてもいいと思うんですよね。

「授業中は友だち同士注意し合わない」ということをボクは「兄弟の例」で説明しています。

　小川「お母さんから〈だめじゃないの〉と言われてもふつう腹は立たないよね。自分が悪いんだからしょうがない。でもさ，お兄ちゃんから〈おい，○○うるさいよ〉って言われるとなんか腹がたつよね。妹から〈お姉ちゃんうるさい〉なんていわれたらどう？」
　子ども「むかつく〜」
　子ども「〈おめえだってうるさいだろ〉って言ってぜったい泣かす」（笑）

　低学年の子どもたちは，「他人にキビシク自分に甘い」人たちなので，一生懸命禁止しないとなかなかこの「注意し合う」クセがぬけません。しつこく言って，最近ようやく授業中聞かなくなりました。ふう，やれやれ。

「学校に行きたくない」 という子がいたら

●登校するにもエネルギーがいる

相談に来たお母さん

　月曜日の朝，一緒に3年生のクラスを持っている新人の徳永さんが言いました。

　「実は金曜の夕方，大野さんのお母さんが学校に来られたんです。相談があるとのことで，〈琴乃が学校に行きたくないと言うので困っている。夜，泣いたりする〉〈うちの子は友だちもいないらしく学校でも笑った顔を見ない〉とおっしゃるんです。どうしたらいいんでしょうか。これから僕が，毎日，琴乃ちゃんの様子をお母さんにお知らせしたほうがいいのでしょうか」と徳永さん。

　小川「そうですか。毎日知らせる必要はないと思うんだけど，ま，あとで相談しましょう」

　その時は時間がなかったので，3時間目の空き時間に相談することにしました。

　たしかに琴乃ちゃんは，教室では表情がほかの子にくらべて，乏しいというか，笑顔が少ないような気もします。いつも元気がないように感じられる子です。ボクも，急に心配になって，理科でビデオを見せている20分のあいだ，ずっと琴乃ちゃんのことや，お母さんにどう返事したらよいのかということを考え

ていました。

　ビデオは「キャベツに産んだモンシロチョウのタマゴから幼虫が産まれる様子」を映していました。「かわいい」とか「気持ち悪いー」って、いちいち反応する子どもたち。見ると、琴乃ちゃんもほかの子たちが笑う場面では、ちゃんと笑っています。そのことに、なんだかとてもホッとします。

　中休みになりました。教室に琴乃ちゃんの姿はありません。校庭を探すと、琴乃ちゃんが元気よく走っている姿が目に入りました。4人の女の子とオニゴッコをしている様子でした。「そんなに心配いらないのかな」とボクは思いはじめます。徳永さんも心配で、中休みの遊びの様子を見ていたそうです。琴乃ちゃんが元気に遊んでいたので、ボク同様、安心した様子でした。

お母さんに何を伝えるか

　さて3時間目、空き時間に職員室で徳永さんと相談しました。

　小川「保護者から〈うちの子が学校行きたくないって言っている〉という訴えがあるとビビるよね。なんか、〈自分のやりかたが悪いんじゃないか〉とか〈イジメを見逃してるんじゃないか〉とか……」

　徳永「そうですねえ。どうしたらいいでしょう」

　小川「担任は責任やプレッシャーでアセるわけだから、オレみたいな無責任な立場のセンパイがいるといいのかもね」（笑）

　徳永「琴乃ちゃんはお姉ちゃんに〈あたしは友だちいないし、学校行きたくない〉って言ってたらしくて、それでお母さんも、〈そういえばなんか学校でも元気がないみたいだ〉と心配になっ

たみたいなんです」

　小川「オレもなんか心配で，さっきの理科の時間，ずっと琴乃ちゃんのこと考えていたよ。中休みもグランドを探したりしてたもん」

　徳永「美奈ちゃんや若葉ちゃんとオニゴッコしてて安心しました」

　小川「えっとね，今日の夕方，お母さんに電話するといいよ」

　徳永「はい，そうします」

　小川「電話する目的は，〈お母さんがわざわざ相談に来てくれたということを担任はしっかり受け止めて，琴乃ちゃんのこと気にしていますよ〉というのを知らせることだね。そうすれば親は安心すると思うんですよね」

　徳永「そうですね」

　小川「〈学校行きたくない〉と子どもが言ったりするのは，低学年ではよくあることなんですよ。だれかに意地悪されるとか，具体的にイヤなことがあるとか，そういう原因がはっきりしている場合（緊急性がある場合）とそうでないケースがある。それを，すぐに教師が一方的に結論を出すんじゃなくて，親の話を聞いたり，子どものことを観たりしながら，どちらのケースか親と話し合いながら決めるといいと思うんですよ」

　徳永「なるほど」

　小川「徳永さんはどちらのケースだと思いますか？」

　徳永「たしかに，表情が乏しい子ですけど，特にクラスの中で何かがあるとは今のところ……」

　小川「うーん，ボクもそんな感じがしますね。家庭のことが

原因かもしれないし。でも,〈学校が原因ではありません〉とバーンと言いきるのも……」

徳永「そうですね」

小川「だから,電話で今日の中休みのこととかを知らせてあげるといいよね。あと,さっき理科の時間に並んだとき,サッと一番に並んでジーッと待ってるのね。そういうすごく真面目なイイ子なんだよ。きっと友だちにもすごく気をつかうのかもね。そういう〈マジメに勉強していてとてもイイ子ですよ〉というのも,ぜひ知らせてあげてくださいよ」

徳永「わかりました。そうします」

小川「あとは,注意して様子を見ますから,というのと,土日は家でどんな様子でしたか,というのもたずねてみてください」

徳永「ありがとうございました。電話してみます」

小川「〈電話しなきゃ〉っていうのは,めんどうでボクなんかもイヤだったんだけど,ま,それが仕事だから。よろしく」

夕方,徳永さんが電話したところ留守電だったので,留守電で用件を伝えたところ,次の日にお母さんから「電話いただいたようで,ご心配をかけてすみません。子どもからも学校の様子を聞いて,楽しく遊んでいることがわかりました」という旨の連絡帳が来ました。お母さんの不安が少し解消された様子で,一安心しています。

登校に必要なエネルギー

　毎日，元気に登校してくる子どもたちばかり見ていると，ボクらもそれが当たり前のように思ってしまいますね。でも，家にいるとき，子どもたちが学校のことをあれこれ考えて，ふと「行きたくない」とグチをこぼすのもよくわかる気がします。教師も日曜の夜とか，つらいですよね……（笑）。

　そういう「里心」を振り切って登校するのは，けっこうエネルギーがいるのではないでしょうか。ときたま，エネルギーが足りなくて不登校になる子もいると思います。

　琴乃ちゃんは，なんのかんの言っても，一日も休まずに登校しています。それって，当たり前のように見えて，ほんと立派なことです。そのことを，大人は認めてあげたいものですね。

　社会科で〈町たんけん〉に出かけたときのことです。体の小さな琴乃ちゃんは先頭のボクのすぐ後ろをずっと歩いていました。「お，いい帽子かぶってきたね」とボクが言うと，ニコッとしますが何も言いません。しばらく歩いていると，「先生，こっちのほうにあたしの家があるんだよ」と言葉をかけてくれました。

　「かわいい子だな」と思って見ていると，今まで見えなかった笑顔がたくさん見えてくるから，不思議です。

「考えさせる」が多すぎる？
●生徒は授業のどこで達成感を得るのか

算数の授業でのできごと

5月28日（火）。

かけ算の授業の第2時間目，徳永さんが授業をやりました。5月の終わり。徳永さんもだいぶ子どもたちとの授業に慣れてきました。

「32×3」というかけ算の問題でのことです。

徳永さんが「どういうふうにやったらよいのか方法を考えましょう。どんなやりかたでもいいからノートにやってごらん」と子どもたちに言って，授業が始まりました。一生けんめい考えてくれてる子もいますが，ほとんどの子はノートに，「32×3＝96」と書いて，「はい，おしまい」という感じです。暗算で答えを出したことになります。

「筆算のやりかたを教えて練習問題をやるのかな？」と思っていたのですが，ずうっと「いろんなやりかたを考えてみましょう」という問いかけが続いて行きます。先生の求めに従ってあれこれ意見を言う子も少数いるのですが，あきて後ろを向いておしゃべりをはじめる子もいます。

授業をじっとながめているのって，けっこうボクが飽きたりくたびれたりします。で，ちょっと教室を離れ，しばらく経っ

てもどりました。

　廊下を通るとき，隣の３年１組は練習問題を子どもたちがやっていました。ところが，３年２組はまだ同じような授業が続いていました。子どもたちが黒板に出て「やり方のちがい」を説明しています。そして，終了のチャイムが鳴ります。「宿題でドリル帳の問題をやってきてください」と徳永さんは言います。

　算数は徳永さんに任せてあってほとんどアドバイスをしてなかったのですが，この時ばかりは「うーん，これはちょっと」と思いました。３時間目が音楽の空き時間だったので，算数について打ち合わせをすることにしました。

「分かる」「出来る」「みがく」

　小川「えっと，今日の授業なんだけど」

　徳永「〈考えさせること〉が多すぎますかね？」

　小川「多すぎますね。〈考える〉のも大切だけど，あの，今日のところ（２ケタ×１ケタ）を，明日もう１時間やるのならいいんだけど，明日はもう次の〈くり上がりあり〉をやらなきゃいけないんだもんね。〈練習を宿題で〉ってのはアテにならないよ」

　徳永「もっとテンポを速くしなきゃだめってことですよね」

　小川「今日の授業は〈ていねいな授業〉〈子どもに考えさせる授業〉ということで，研究授業なんかではよくあるパターンなんです。でも，いつもいつもそれだとダメかもね。

　算数の授業は〈分かる〉→〈出来る〉→〈みがく〉と移って行くというのが，昔からよく言われてまして。〈出来る〉ってのが大事で，子どもも〈出来る〉で授業の満足感が得られるんだね。

あと，子どもがバラバラなやりかたでやってるのも良くないです。計算の仕方が自己流だとずっと同じパターンで間違いを繰り返すし，いくら教えても直らないんですよ。最初から暗算に頼る子も多いけど，これもいつまで経っても間違いが直らない。ボクのやり方は，〈だまされたと思って最初はコレでやりなさい〉と押し付けることが多いです」

「練り上げは良くない」と荒居さん

先日，小田原の荒居浩明さん（小学校）から「算数の定番の授業を考える」という資料をいただきました。その中で荒居さんは次のように書いています。

> ふだんの算数の授業では，教科書に書いてあることをそのまま教えるわけだが，そのときに問題解決学習のようなパターンにならないように気をつけている。いくつかやり方がある場合は，全部は教えずにその中で一番よく使う方法を選んで，そこをしっかり教えるという方法でやる。
>
> 子どもたちにたくさんの方法を出させたりするのは，〈練り上げ〉という授業方式だ。〈練り上げ〉は１時間で１問を延々と行っていて，できる子はあきてしまい，できない子はやる気をなくしてしまう。保護者からもよく思われないケースが多いので要注意。荒井公毅さん（東京・小学校，算数の研究者）曰く，「特に計算系の問題では練り上げの方法は良くない。図形は少しならいいが，あまり長々と行わない方がいい」とのこと。

このような資料が書かれるということは,「延々と子どもに考えさせる授業」が実際に多くやられている,ということですよね。特に,研究授業はほとんどこのパターンな気がします。だから,徳永さんもきっと大学や教育実習で教えられたのでしょう。

　ボクなんかも白状すると,「子どもに（延々と）考えさせるのが良い授業だ」とずっと思っていました。研究授業でもいつもこのパターンでした（涙）。

　正直ボクも,こういうことって自信がありません。もしかしたら,知らず知らずのうちに「練り上げ方式」で授業をやっていたのかもしれません。そういう「子どもに考えさせたい」という欲求が,ボクの中にも根強く残っているのでしょうか。うーん,ちょっと悩みます,迷います。

成功体験が大事
●そして何よりも〈教材〉が大事

「新人育成教員」の視察が来た！

　6月10日（月）。「学級経営研修実施校訪問」というのがありました。早い話が，「教育委員会からボクと徳永さんの様子を見に来る」というものです。それを伝えられたのが金曜日。そういうのがあるってことは知らされていたけれど，突然のことでビックリです。

　徳永さん「校長先生から〈理科の授業をやれ〉と言われました」

　たしかに，月曜日の2時間目の時間割は理科です。でも，理科はずっとボクがやってきました。仮説実験授業の《空気と水》が終わったあとも，教科書の授業をボクがチョボチョボやっていました。

　小川「突然の話で徳永さんも驚いたと思うけど，〈徳永さんを見に来る〉というわけじゃなくて，〈新人育成の仕事をボクがちゃんとやっているかを見に来る〉ということなんですよ。でも，せっかくだから，理科の授業を……徳永さんやってみましょうよ」

　徳永「ええ〜 ?!」

　小川「だいじょうぶですよ。このあいだアリの絵を描かせたじゃないですか。あれの続きをやりましょう。今回は，授業の流れはボクが考えるし，略案も作りますよ」

徳永「わかりました」

　今やっているのは，教科書の単元で「虫の育ち方」というところです。

　アリやトンボ，チョウチョ，セミ，などの昆虫の体のしくみや変態の様子をあつかう勉強です。まるで「仮説実験授業の《足はなんぼん？》《にている親子・にてない親子》をやって下さい」と言わんばかりの内容なのですが，今回は普通に教科書で授業をやっています。

　「実施校訪問」では，子どもたちに前の時間書かせた「アリの絵」を黒板いっぱいに貼って，足の数を予想させたり，チョウやトンボの足の数を当てさせる授業を徳永さんにやってもらいました。月曜日で落ち着かない３年２組の子どもたち。お客さんが来るというので，興奮状態で超ニギヤカな（耳がキンキンして頭が痛くなる）教室でした。

面談のあと考えたこと

　授業を見てもらったあと,ボクは管理主事の人と面談をしました。

　管理主事「新人の先生が子どもたちと楽しく理科の授業をやることができていて良かったです。指示や発問が一度で通らないときはちゃんと言い直していて,二度目には子どもたちに伝わっていました」

　授業の講評も徳永さんに好意的で,ボクもひと安心です。そして,4月からやってきたことを簡単にふり返ったり,これからのことを質問されました。

　小川「クラス替えをした学級だったので,4月は,私がすべて仕切って,授業のルールや給食や掃除のやり方を子どもたちに直接教えました。授業は算数だけ,新卒の徳永さんにやってもらい,他はすべて私がやりました。今は,徳永さんに算数や体育,道徳,学活などをやってもらい,私が残りの6割をやっています。でも,子どもたちには〈担任は徳永先生だから〉と言い,毎日の連絡や宿題,保護者との窓口は最初から徳永さんにやってもらっています」

　こんな感じで,話し合いは20分くらいで終わりました。最後に,こんな話もしました。

　小川「大変なことってのもそんなに無いんですけど,でも,この仕事は〈グチを言う相手がいない〉から,ストレスがたまりやすいかもしれません。なんか,ボクも校長先生とかにはグチは言いたくないんですよね。変なプライドがあって(笑)。ま,それは新卒の人も同じだと思うんですけど。おたがいあんまり

プレッシャーにならないようにしたいと考えています」

管理主事「お気持ちはよくわかります。よろしくお願いします」

面談中はうまく言えなかったんだけども,教育委員会の人たちが帰った後で,ボクはいろいろ考えました。「この仕事はやっぱりいいよな。だって,〈仕事の目的〉がはっきりしてるもん。〈5時までいればいい〉というんじゃなくて」と思います(〈5時までいればいい〉なんていう甘い仕事は実際はないのですが)。

〈教材〉の良さを体験してほしい

ところで,「新人育成の仕事の目的」って何なんでしょう? ひと言で言えば「新卒の徳永先生が,自立して教師業が続けられるようになること」なのでしょう。そのために,

「6月の今は徳永さんが,どういうことができるようになっていたらよいのか?」

「たとえば1学期の目標は何なのか?」

——といったことを,これを機会に考え直してみたいと思っているところです。

新卒の徳永さんは「あれこれやるけど,なかなか思い通りに行かない」と思ってるみたいです。最初から「自信を持て」と言っても無理ですよね。どういう体験を重ねると人は自信を持つことができるのでしょう?

ボクはあまり解説するヒマもなく,授業をやってみせています。教科書の授業は,ボクもよく失敗します。でも,「仮説実験授業を中心とした〈たのしい授業〉の文化圏」にある授業はと

ても上手く行きます。子どもたちが躍動します。それを「ただ，やってみせて終わり」じゃ，ただの「自慢」ですよね。

「ボクの授業の中でとても上手く出来るものは，〈教材〉そのものが良いからだ」「〈授業プラン〉そのものが，研究の成果なんだ」──ということを，徳永さんには知ってもらいたいな，と思います。でも「知らせる努力」が今は足りないようにも思います。

学校の仕事にかぎらず，何でもそうなのですが，「成功体験が自信を生む。継続のエネルギーになる」んだと思います。「ためしにやってみて，それが予想以上に楽しく出来ること」が必要です。たとえば，仮説実験授業をやる中で〈成功体験〉をバッチリ味わうとしたら，おたがいこれ以上ない環境にいるわけですからね。そろそろ，〈目標〉を授業そのものに定めてもよいのかもしれないな，と思っているところです。

トラブル解決は八方美人的に
●誰が悪いかを判定するより大切なこと

学校帰りのケンカ

6月13日(木)。放課後、3年2組の村山祐輔君のお母さんから電話が来ました。

「学校の帰りに息子が小林君とケンカをして小林君のカサをこわしてしまった」とのこと。「カサをこわしてしまったのは申しわけないんだけど、ウチの祐輔にも言い分があるようなので、学校でも話を聞いてほしい」とお母さん。

徳永さん「そういう電話が今あったんだけど、どうしたらいいでしょうか」(こんなふうに徳永さんがすぐに相談してくれるので、ボクとしてはとてもありがたいです。多少、信頼されているという証拠ですし)

小川「そっか……。小林君のお母さん、今ごろビックリしてるんじゃないかな。カサこわされて、雨にぬれて帰ったんじゃないかな。とりあえず〈小林君だいじょうぶでしたか?〉とすぐ電話した方がいいよね」

徳永さんがすぐ小林君の家に電話しています。

徳永さん「お母さん、やはりビックリされていて、これから連絡帳を書こうと思っていたところだったそうです」

小川「それはすぐ電話して正解でしたよ」

徳永さん「でもなんか，両方とも言い分があるみたいで，とにかくそれを明日聞いてみます。いっしょにいた藤田さんがケンカを見てたみたいなので，藤田さんからも話を聞いてみます」

　小川「そうだね。じゃ，その後で両方の親にどう連絡するか考えましょうよ。雨の日は，子どもは大人しくカサをさしてたりしなくて，たいてい振り回したりしてるんだよね。だから，カサのトラブルってけっこう多いんですよ。じゃ，ま，明日」

トラブル解決は八方美人的に

　小林君はクラスで言葉の行きちがいから口ゲンカをすることが多く，保護者もそのことを気にして不安に思っている様子でした。

　対する村山君は，野球を習っていて教室では明るくひょうきんな元気者。学校でケンカをすることはあまりありません。

　さて，次の日に徳永さんが小林君，村山君，藤田さんの3人から話を聞きました。ケンカの原因は「お互いに悪口の言い合いをしていて，村山君が小林君を蹴ろうとしたときに，小林君がカサで身を守ろうとしたので，村山君が小林君のカサをけって壊してしまった」とのことでした。

　徳永「でも，いろいろ言い分はあるにしろ，とにかくカサを壊したことについては村山君も〈悪かった〉とみとめたので，カサのことは村山君に謝ってもらいました。どうもいつも帰りとかに小林君がちょっかいを出してくるみたいなんで，そういうことをするとケンカになるから，〈悪口を言ったりするのはやめようね〉と，小林君にも注意しました。両方のお母さんには

どう伝えたらよいでしょうか」

　小川「そうだね。ちょっと一緒に考えようか」

　サークルでいっしょに勉強をしている小原茂巳さん（明星大特任准教授）は，〈トラブルの解決は八方美人的にやるといい〉と言っています。〈八方美人〉って普通はダメな言葉じゃないですか。でも，使い方によってそれがすごく役立つというんです。

　小原茂巳さんは言います。

> 〈どちらにも，それなりにもっともな言い分がある〉ということがわかっちゃうと，〈八方美人的〉になっちゃうんだよね。そりゃ，当事者が「相手にはもっともな言い分がある」なんて思ってないのはしょうがないよ，最初はね。でも，最低限，僕はわかってないと，ほんとに「話になんない」でしょ。〈八方美人的〉というのは，だいたい失敗することになってるみたいですよね。だけど，最初から「明らかに一方が悪い」と決めちゃうと，それは〈八方ふさがり〉になりやすいんじゃないかな。（小原茂巳ほか『よくある学級のトラブル解決法』仮説社，より）

　今回，「両方のお母さんにどう返事したらいいのかな」と考えたとき，ボクはこの小原さんの言葉を思い出しました。

　普通こういうケースは，「村山君のお母さんが小林君のお母さんにカサを壊したことを謝って解決」のはずです。それなのに先に担任に電話をしてきたのは，「息子の言い分をよく理解して

あげてほしい」と願っているからなのでしょう。

こういうとき担任が、「学校の外で起こったケンカだから親同士で解決してください」というような〈中立的立場〉で物を言うと、親同士が険悪になって、その〈毒〉が必ずまた担任に返ってくることが多い気がします。

また、「カサをこわした村山君はもちろん悪いが、小林君にも日ごろからの言動に原因がある」などという、これまた〈中立的立場〉の返事も、親のわだかまりを和らげるのにはほとんど逆効果になりそうな予想が立ちます。

ですから、親への連絡も〈八方美人的に〉やってみたらどうでしょう。

村山君のお母さんへの返事

村山君はいつも教室では明るい人気者です。怒ったりケンカしたりすることはほとんどありません。その村山君がケンカしてカサを蹴ったりするんだから、よほど腹が立ったようです。どうしてそういうことをしたのか、ということは今日、本人から話をよく聞いたつもりです。話をしてくれた後、村山君は「カサをこわしたことは小林君に悪いことをした」と自分から反省し、小林君に素直に謝ってくれました。

小林君のお母さんへの返事

きのうはカサをこわされて、ぬれて帰って小林君はショックだったと思います。幸い今日は、とても元気に一日勉強をしていました。

いっしょに帰った子にも来てもらって,「どうしてケンカになったのか」よく話を聞いてみました。でも,カサがこわれるくらい強く蹴ろうとしたのは村山君なので,それは村山君に反省してもらいました。村山君も自分から「悪いことをしてしまった」と小林君に謝りました。今後,こういうことのないように気をつけて見ていきたいと思います。ご心配かけてすみませんでした。

　今は,家庭への連絡はすべて徳永さんにやってもらっていますが,今までのボクは,こんなふうに「話すこと」を紙に書いてから電話することがよくありました。

〈いやらしい八方美人〉にならないように
　放課後,徳永さんから両方のお母さんに電話してもらいました。
　徳永「村山君と小林君は今までも何度かケンカがあったそうです……。でも,今回のことは納得してくれて,村山君のお母さんはカサも弁償したい,と言っていました。小林さんはもうケンカのことは何も言ってなくて,きのうは小林君が「超能力カード」(2進法を利用したものづくり。きのうの総合の時間に作った)でお母さんやお父さんに問題を出して,それにお父さんもびっくりしていたという楽しいお話をしていました」

今回のことは，親同士がモメることなくなんとか決着がつきそうで，一安心です。

　この話を，小原茂巳さんにしたら，小原さんは「〈小林君がどういうことを言ったから村山君が蹴ることになった〉というケンカの理由も，小林君のお母さんに伝えたほうがいいのではないか。そのほうが〈いやらしい八方美人〉にならずに済むのではないか」というアドバイスをくれました。その通りだと思います。

　去年のクラスで「Ａ君が大切にしていた下敷きをＢ君に折られた」というトラブルがありました。下敷きを壊されたＡ君のお母さんは憤慨していました。でも，よく話を聞くと「わざと折ろうと思ってたわけではない」という言葉がＢ君の口から。すると，Ａ君は「わかった。もう許す」と言ってくれました。

　「どういう経過で下敷きを壊されたのか」ということ，「故意なのか」「はずみなのか」ということは，トラブルの解決に重要ですよね。そのことに，あらためて気づかされました。

〈判定〉（＝ジャッジ）して失敗したこと

　「保護者への連絡も八方美人で」と書きました。でも，「それって苦情が恐くて，親に媚びているだけなんじゃないの？」「そんなこと言ってたら，子どもが悪いことをしても注意できなくなるんじゃないの？」——そんな，〈外野の声〉が聞こえてきそうな気がします。これを読んでいただいているみなさんは，そんな疑問をどう思いますか。

ボクが〈外野の声〉を想像してしまうのは，ボクも迷っているということかもしれません。「ぜったいに八方美人が正しい」と自信を持っているわけではないので，このことをいっしょに考えていただけたら，と思います。

　30年も前のことですが，「6年生の担任クラスの子が家のお金を持ち出して他の子たちにおごりまくる」という事件がありました。お金を持ち出したA君のお母さんは，「B君におどされてやった」と思っていました。

　ところが，ボクは「A君のお母さんのお金の管理のしかたが原因」というふうに〈判定〉（＝ジャッジ）し，そのことだけをA君のお母さんに伝え，反省を求めました。当然，A君のお母さんの気持ちは収まりません。A君のお母さんからバンバン苦情の電話が来るようになり，大変な目にあいました（小川洋「〈その一言〉に救われました」『たのしい授業』2013年5月号，にこの事件のテンマツを書いています）。

　こういう経験もあって，「〈どちらが悪い〉とか〈子どもにこういう問題がある〉と一方的に担任が判定しちゃうのは良くない」と，ボクは考えるようになりました。「教師は審判（レフェリー）になっちゃいけない」とも思います。

　野球やサッカーで例えると，担任は「監督」や「コーチ」なのでしょうか？　でも，なんだか監督っていつも悩んでいるようで，あまり楽しそうに見えません。それなら「応援団（サポーター）」はどうでしょう。試合は勝つことも負けることもあるけど，監督よりもサポーターのほうがずっと楽しいような気がします（監督には監督の楽しさがあるとは思いますが）。

自分が担任として,「本心からその子の気持ちに添って考えたり行動してあげられたらいいのになぁ」と思います。実際は,子どもたちのイヤなところ,嫌いなところがいっぱい見えちゃって,なかなか素直に,「君のこといつも応援しているよ」とは言えないのですが。でも,「〈楽しく応援できる存在〉になれたらいいな」と,いつも思います。

ニガテな子を好きになるとき
●教師業の上達と仮説実験授業

苦手だと思っていたけど

　このクラスには，富田一真君という男の子がいます。いつも，机のまわりに鉛筆やプリント，靴下が散乱しています。机の中もグチャグチャです。そのくせ，ランドセルは空っぽのまま帰ろうとするので，学校からのプリント類がお母さんに届かなくていつも困ります。「なかなか集金袋を持ってこないな」と思って聞くと，集金袋が行方不明になってたりします。

　話し方もぶっきらぼう。気に入らないと，すぐに友だちをぶったりするからトラブルも多い。体も大きく力も強そうです。

　国語の授業中のことです。一真君は後ろの大樹君とオシャベリが多く，いつも注意されます。ボクが「漢字の書き方」の説明をしているのに，ぜんぜん話を聞いていません。勝手にどんどん違う字を書いています。何度注意してもダメです。文字はものすごくきたなくて，判別不能（?!）です。宿題も，いちいち言わないと出しません。「宿題出してないよ」と担任の徳永さんが言うと，ぶっきらぼうに「忘れたぁ」と言います。

　徳永「忘れたら，朝，言いにくることになっていたよね」
　一真「…………」
　そんなとき，一真君は何も言わずに先生の顔を見ています。

まるでにらんでいるように……。

　ボクも授業やってて，最初のころは「あーあ。この一真君というのはどうしようもないな。オレの苦手なタイプの子かな？」と思いました。

　そんな一真君ですが，いつも元気な子で授業ではよく手をあげます。4月に始めた仮説実験授業《空気と水》の2時間目のときです。

　「ア」の子に理由を聞いてみます。ふたりとも「なんとなく……」と言います。「じゃ，〈イ〉の人？」とたずねると「ハーイ，ハーイ」と元気に手をあげる子がいます。一真君です。

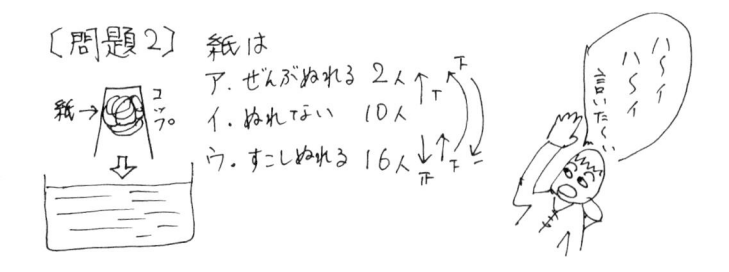

一真君（イ）：前にコップに水が少ししか入らなかった。それは，
　コップに水が入ってて，空気と水はあいしょうが悪かったか

らで，だから，紙はぬれないと思います。

とてもわかりやすい意見で感心しました。すると……

水谷君　ウ→イ。今の一真君のを聞いてて，空気に押されて水がちょっとしか入んないから，紙もぬれないと思った。

だれか　「イ」にしようかなオレも。

青柳さん　私も「ウ」から「イ」に変えます。

「ウ」の子が反論します。

山崎君（ウ）：前のじっけんだったら，コップに空気が入ってたけど，今日のじっけんはちょっとしか空気がないから，水がちょっと入って紙にふれると思う。

実験の結果は「イ」が正解。一真君は，何度も「イエーイ，イエーイ」と，声をはりあげ大喜びでした。

一真君が活躍するのは，この日だけではありません。意見を上手く言えないときは，わざと一番少ない予想に移動して目立とうとしたり，とにかくいつもエネルギー全開です。国語や算数の時間とのあまりの違いにビックリです。

本当の平和教育

「一真君って，なかなかカシコイところがあるなぁ」と思って眺めると不思議なことに，なんか今までよりもカシコそうにも見えてきます。国語の教科書を読ませると，大きな声でスラス

ラ読んでいます。とても上手な読み方です。

徳永「一真君って自分が言うように、ほんと天才かもしれませんよ。日記の宿題なんかすごいんです。他の子の何倍も書いて来るんですよ」

小川「エネルギッシュですごいよね」

徳永「でも、あのだらしないの、なんとかなりませんかね。今日もプールカード忘れて見学だったし」

小川「そういうのは直んないよねー、なかなか」

不思議なことに、一真君のようなタイプの子は毎年のように出現するんです。苦手だと思った子が、仮説実験授業の中で輝き出す。嬉しい、〈よくあるパターン〉です。

「不思議だよなー。どうしてなのかな？」とボクは思っていましたが、あるとき、仮説実験授業の生みの親の板倉聖宣さんの次のような文章に出会いました。

本当の平和教育

板倉聖宣

　私はたいへん偏頗(へんぱ)なキツイ人間です。にもかかわらず、仮説実験授業をやってきてから、ずいぶん寛大になり、またずいぶんいろいろなタイプの人間を好きになるようになりました。なぜなら、仮説実験授業を好きになってくれる人を、私は嫌いになるわけにはいかないからです。

　これまで、「ああいう人はどうも好きではないなぁ」「こういう人にはちょっとついていけないなあ」と思う人はたくさ

んいましたけど(笑),ところがどうも,どんなタイプの人でも仮説実験授業を好きになるんです(笑)。ある意味では,「仮説実験授業を好きになるタイプ」というものがあるようにも思うんですけど,実際には人相的にみても全然違いますね(笑)。目立ちたがり屋の人もいれば,理論派の人もいるし,何も言わない人もいる──いろんな人がいるわけです。そういういろんな人たちを私は好きになる。教室の中でも同様のことが言えます。

　先生だって人間だから,子どもたちの好き嫌いがありますよね。「ああいうタイプの子どもが好きで,こういうタイプの子どもは好きでないなぁ」なんてことがあります。そして,その好きなタイプの子を見つめながら授業をやっていることが多いんです。一方,嫌いなタイプの子どもたちを敬遠し,そういう子に対してはおそるおそると授業をやっていることが多いんです。ところが,仮説実験授業をやっていると,嫌いなタイプの子どもたちが活躍するということが起こってくる。そういうのを見ていて,はじめは「こんちくしょう」と思ったりするかもしれないけど,やっぱり活躍してしまうわけだから,それを認めざるを得ないということになります。そうすると,「あいつはとんでもない人間だ」「あんな人間はだめに決まっている」と思っていた人間が好きになってくる。<u>おそらく,仮説実験授業をやって教師が上達する一番の道は,そうやって「いろんな子どもたちを好きになれる」という点にあるのではないかと思われます。</u>(下線は小川)

　そして,もっとスバラシイと思うことは,仮説実験授業を

やっていくと,「あんな奴はどうしようもなく馬鹿でイヤだ」と思っている子どもと,「あんな優等生大キライだ」と思っている子どもとの間に交流が生まれるということです。それがヒューマニズムというものではないでしょうか。

　もちろん,仮説実験授業をやっていくうちに,子どもたちは〈科学というもの・仮説実験の論理〉というものがわかっていきます。そして自分のスバラシサを発見していきます。そして子ども同士がすべての友だちを好きになると同時に,〈科学とヒューマニズム〉〈芸術とヒューマニズム〉というものが授業の中で生かされることによって,教師がすべての子どもを好きになる。これが本当の平和教育ではないかと感じています。

　　　　　　　（板倉聖宣『仮説実験授業の考え方』仮説社,より）

不思議なもので,一度「あっ,この子好きになれるかも」と思うと,教師のボクは〈その子の輝いているところ〉〈生き生きした笑顔〉など――〈好きになれる理由〉を無意識のうちに探し始める。その結果,〈好き〉という感情がどんどん積み重なっていくように思います。

「仮説実験授業をやって教師が上達する一番の道は,〈いろんな子どもたちを好きになれる〉という点にある」と板倉聖宣さん。自分の30年間の教師生活をふり返ると,「仮説実験授業のおかげでいろんなタイプの子どもたちを好きになることができた」と実感しています。だから,「教師として本当にオレ,得したよなぁ」「もし,仮説実験授業と出逢わなかったら,こんなに得な

教師生活を送ることはできなかっただろうな」と，今，思っているところです。

→社会科の〈教科書クイズ〉。教科書の写真の見出しを黒板に書いて，子どもたちは協力してその写真を探す。となりの子と協力して競うゲーム。

通知表の所見，どうしてますか？
●所見の書き方・考え方

所見を自分で訂正しちゃった ?!

　もうかなり前のことになります。1学期の終業式の日でした。当時担任していた5年生の子どもたちに通知表を渡したところ，ひとりの女の子（奈緒ちゃん）が，こっそり自分の通知表の所見を書きかえたというのです。修正テープで見にくくなった通知表を見て，変だなと思ったお母さんが知らせてくれたので，そのことがバレてしまいました。

　ボクはとてもおどろきました。奈緒ちゃんは学習成績が優秀な子でした。そのときボクは「奈緒ちゃんの所見にそんなに悪いことを書いた」という覚えがなかったからです。通知表の所見はこんな内容だったと思います。

　　「子どもまつりではグループの中心になってスライム作りのお店を生き生きと運営してくれました。理科の時間には進んで手を挙げ，たくさんの意見を発表し活躍しました。<u>授業中のおしゃべりがやや目立つことがあるので，もう少し落ち着いて学習できるように，2学期はがんばりましょう</u>」

　下線部の「授業中のおしゃべりがやや目立つことがあるので，

もう少し落ち着いて学習できるように，2学期はがんばりましょう」の部分を奈緒ちゃんが自分で「授業中もまじめにちゃんとやっています」というような内容に〈訂正〉しちゃったらしいのです。

奈緒ちゃんはエネルギッシュな子で，仮説実験授業ではよく手を挙げ意見を言ってくれました。国語や算数の成績も優秀でした。なかなか行動力があり，「思ったこと」はすぐやらないと気がすまないタイプの子でした。奈緒ちゃんのお父さんやお母さんは特別に我が子にきびしい感じでもなかったのですが，何を思ったか，パッと所見を書き換えてしまったらしいのです。

悪いことは一切書かない？

ボクはこのことを小原茂巳さん（明星大）に話したことがあります。すると，小原さんはボクが予想していなかった見方を示してくれました。

小原「僕は，通知表の所見には悪いことは書かないことにしているよ」

小川「え？ 全然，まったくですか」

小原「うん，全然書かない。通知表は，お父さんやお母さんが見るだけでなく，おじいちゃんやおばあちゃんも楽しみにしてるものだしね。そして，ずっと残るものだからね。だから，通知表には〈がんばったこと〉〈ほめてあげたいこと〉を書いてあげたいよね。もし，どうしても〈直してほしいこと〉や〈マイナス的なこと〉を書く必要があるときには，ポストイットに書いて添えるとか，通知表とは別に連絡帳などに書けばいいこ

とだよね」

　小川「でもやっぱり……〈直してほしいことは通知表に書いたほうがいい〉という考え方もあって，どちらかというと，そっちの方が常識になっている気がしますけど。マイナス的なことを一切書かないと，〈ちゃんと子どものことを見ていない〉と保護者から思われるんじゃないかと心配になったり……」

それに対して小原さんはこう言います。

　小原「なるほど，そっちの方が常識ですかー。〈所見にマイナス的なことを書くか・書かないか〉というのは〈教育の常識〉をとらえ直す興味深いテーマですねー。僕は今のところ，〈通知表では良いところだけ伝えればいい〉と思っています。しかし，〈良いところだけではダメ〉というのなら，〈マイナス的だけど書いた方がいいことというのは，具体的にどういう内容のことなのか〉を示してもらえるとうれしいですね。一緒に考えましょう，っていう感じで。もしも，示されたその例が〈本人やお家の人に嫌な思いをさせないものだったり，喜ばれるもの〉だったりするのなら，〈なるほど，そういうこともあるのかー〉と予想変更すればいい。僕はいつでも予想変更します（笑）。でも，やっ

ぱり僕は〈通知表は良いところだけ伝えればいい〉で行きたいですね。今回の奈緒ちゃんのように，子どもたちにツライ思いをさせたくないですからね」

「どういうことを書くと子どもや親に明るい気持ちになってもらえるか」「どういうことは書かない方がいいのか」は，はっきりした原則があるわけではなく，ボクもなんとなく〈自分の常識〉で書いていたのだと思います。「自分が何気なく書いたひとことで奈緒ちゃんが暗い気持ちになった」と思うと申し訳なく思います。そして，この奈緒ちゃんのおかげで〈通知表の常識〉を考え直すキッカケができて，ボクは今でもありがたく思っています。

ぜったい書かないときめてみると
　とはいえ，所見にマイナス的なことは本当にまったく書かないほうがいいのでしょうか。ボクは小原さんと話したあとも正直迷いました。「直してほしいことを本人や親に気にしてほしいから所見に書くのよ」「そんなこと言ったら書くことがない子もいますよ」——そんな他の先生たちの声も聞こえてきそうです。それもよくわかります。でも，考えてみると，「通知表の所見にその子の悪いことを書いたおかげで，それが直った」という経験は，これまで一度もありません。
　迷いつつも，ボクは「通知表には子どもの悪いことはぜったい書かない」という選択肢を選んでやってみました。
　「所見に悪いことは一切書かない」となると，こんどは子ども

たちの〈良いところ〉を一生懸命探すしかありません。例えば3年生のクラスにさくらちゃんという女の子がいます。真面目な普通っぽい子で、どちらかというと目立たないタイプです。その目立たないさくらちゃんについて、ボクは自分の記憶をひっくり返してみました。

「あのさくらちゃんという子はいい子だなー。他の子がまだ着替えてないのに、真っ先に一人で、セッセと給食をワゴンから運んでいる。休み時間は……やっぱり、佳代ちゃんや彩香ちゃんと遊ぶことが多いみたいだな。きのうは教室で3人でお絵描きをして遊んでいたよな。えっと、勉強はどうかな？　うーん、漢字は今ひとつだな。けっこう間違いも多い。算数は……うーん、文章題はよくできないけど、かけ算の計算は合格しているな。仮説実験授業のときはいつもていねいに感想を書いてくれている。社会科の「新聞づくり」はどうだろう。あ、絵がかわいいな。友だちとお弁当を食べたことを生き生きと書いている」

ふだんから、通知表の所見のためにその子の「良いところ」を見つけてメモしておくとよいのでしょうが、ボクはなかなか

できません。通知表の所見を書く直前になって、あわてて「良いとこ探し」をします。でも、子どもたちひとりひとりの顔を思い浮かべながら「悪いところには目をつぶり、良いところだけ探そう」と思うと、不思議にどんどん見つかることが多いのです。その結果、さくらちゃんという子の所見（1学期）は次のように書くことになりました。

「給食当番の仕事をとてもがんばっていました。ほかの子がやらない仕事も責任を持ってやってくれたので、さくらさんのおかげでみんなとても助かっています。休み時間は、教室や校庭で、友だちと毎日なかよく遊んでいます。算数ではかけ算の練習をねばり強く続け、見事に計算のテストに合格しました」

「良いところ」がすぐに見つからない子も少しはいます。でも、大半の子は「良いところ」だけに着目したほうが「所見のネタ」が見つかりやすいことを発見して、自分でもおどろきました。「良いとこ探し」のほうが気持ちよくできるし、「これは書くべきかどうか」という迷いも少なくなり、以前よりも所見書きが早く終わるようになりました。

ボクは所見の下書きはせずに、水性ボールペン（パイロット Hi-Tec ポイント4㎜）で直に書きます。所見を先に書き、最後に〈学習の評価〉の丸印を押します。全部の作業がほぼ2～3日で終わります。

メモがあると安心

　ボクは下書きをしないので,逆に何も頼るものがないとなかなか所見が書けません。そこで,〈子どもたちひとりひとりのメモ〉を作ります。日ごろから少しずつやってれば良いのでしょうが,やっていません（涙）。それでたいてい,締め切りの1週間くらい前になって慌てて〈メモ〉を作り始めることになります。

　「教務手帳」（学校で配られる成績記入手帳）の個人の記録欄をそのまま使ってもよいのですが,ボクはたいていＢ５の紙1ページに6人ずつ氏名のゴム印を押して作っていました。ここに,「所見のネタ」を,思いついたことからどんどん書いていきます。メモですから一言でいいのです。◎や花マルなどの記号も使っています。

　本当に〆切まで時間がない時は,名簿を拡大コピーして作っていたこともあります。

　どんなことを書いていたかというと,

・作文　・社会科の新聞づくり　・仮説実験授業（意見,感想文）
・体育のゲームの活躍　・鉄棒やとびばこの技　・朗読
・計算の練習　・文字の書き方　・短距離走　・漢字ミニテスト　・漢字50問テスト　・国語の読みとりテスト　・読書活動
・専科の授業（音楽,図工）　・休み時間の友だちとの遊び
・困っている友だちを助けてあげていること　・給食当番
・掃除当番　・係活動,お手伝い　・行事（子どもまつり,運動会）
・児童会役員　・リレーの選手,応援団等
——などです（メモなのでほとんど一言です）。

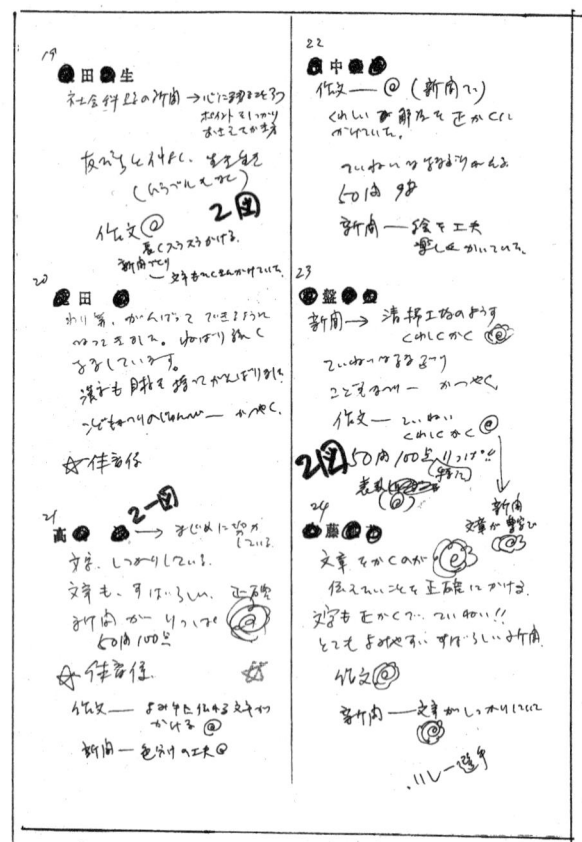

▲1ページに6人分ずつ「所見のネタ」を書いていく

14	田辺 守男	朗読✿ しっかり	応えん団 ガンバル
15	中野 富美子	リレーの選手	漢字✿ 満点
16	長谷川 隆志	毎日、外でサッカー	(仮)よく 討論でかつやく

▲時間が無い時は名簿を拡大コピーしたものに書く

時には子どもたちに聞いてみる

　所見には自然,子どもたちが意欲的にとりくみ,活躍が目立つことを多く書くようになります。ボクは,「授業のこと」を中心に書きます（このへんは,もしかしたら同僚の先生たちとは異なる点かも）。行事のことも少しは書くのですが,授業のほうが「ひとりひとりの個性がよく分かる」とボクは思っています。

　子どもたちにアンケート用紙を配り,「勉強でがんばったこと」を教えてもらおうとしたこともありました。でも,残念ながら通知表には使えませんでした。バクゼンとそういうことを尋ねても,子どもたちからは「算数をがんばった」「漢字がむずかしかった」ぐらいの答えしか返ってこなかったからです。

　そこで,学習のことはあきらめて,「休み時間にだれと何をしていたか」とか「クラブの時間どういう活動をしていたか」「専科の授業でどんなことをやっていたか」など,担任のボクが気付かないことを子どもに聞いています。毎学期やるわけではありませんが,これはけっこう使えました。

　ところで,同じ学校でも,所見の書き方は先生によっていろいろクセもあるし違いますよね。ボクは昔,同業者だったウチの奥さんが書いている所見を見て〈目からウロコ〉でした。「えっ？こんなに簡単でいいの？」と。

　「休み時間は友だちとたのしく遊んでいます。九九の練習もいっしょうけんめいにやりました。3がっきも元気にがんばりましょう」――こんな内容だったと思います。そのころのボクの書く分量の半分くらいでした。それ以来ボクも,奥さんに影響されて（?!）所見がずいぶん簡単になったと思います。

文章は3つの要素に分けて具体的に

シンプルな所見を心がけた結果,「所見は短い〈文〉を3つつなげばよい」ということを発見しました。例えばこんな感じです(小3の1学期の所見)。

　◇小松千晶さん
　　国語の授業では,ゆっくりとていねいに朗読ができてりっぱでした。体育の幅とびは,クラスの女子で一番の成績でしたよ。友だちにも恵まれ,たのしい遊びを工夫しながら毎日生き生きと過ごしていました。
　◇小田裕太君
　　本の貸し出しなどの図書係の仕事をよくやってくれました。体育ではキックベースの試合で大活躍。また,長い作文を一気に書き上げるなど,学習の集中力も光っていましたよ。かけ算のやりかたも身につけ計算練習もがんばってやりました。

「ちょっと物足りないかな」と思うときは,もう1文追加します。追加するエピソードが見つからないときは「2学期もがんばってください」というようなフレーズを使いますね(笑)。

「〈文〉を3つつなぐ」ためには,先ほど紹介した〈メモ書き〉の中から,エピソードを3つ見つければよいことになります。ボクはたいてい以下の3つの要素を入れるようにしています。
　A:教室の係や当番の仕事,児童会の仕事(クラブや委員会)
　B:授業や学習のこと
　C:友だちとの遊びのこと

この3つをA＋B＋Cという風につなげます。Aで書くことの見つからない子は，Bの「授業のこと」を二つ書くようにしています。

　また，所見は「よく努力しています」とか「責任ある仕事ぶりが立派でした」というふうなバクゼンとした表現よりも，なるべく具体的な内容を書くように努めています。僕も中身のあやふやな書き方をしてしまう時はありますが，「3つの文章が3つともバクゼンとした表現にならないように」気をつけています。

◇島村優香さん
　代表委員としてユニセフ募金を集める仕事を生き生きとやっていました。図工の絵本作りでは巨大な花の絵をとても上手に描けて，すばらしかったですよ。どの教科でも，字を書く学習のていねいさがとても光っています。友だちもふえ，楽しそうな毎日でした。

「所見はなるべく具体的に」というのは，若いときに校長先生から教わったことです。通知表は配付前に校長先生に提出するのですが，幸い今まで中身のクレームはほとんどありません。反対に「小川先生の通知表は所見があたたかいねー」とホメられることはありました。

　また，保護者からの返信欄がある通知表では，「○○（お子さんの名前）がいろいろなところでがんばっていることがわかり嬉しくなり家でもいっぱいほめました」（小5の女子のお母さん）。

こんな,担任にとっても嬉しいお母さんのコメントがよく書いてありました。

こういう声に励まされ今回(チョッピリはずかしいのですが)ボクの〈手の内〉を明かすことにしました。参考になれば幸いです。これからも,「シンプルで早い,親や子どもにも喜ばれる所見の書き方」をいっしょに考えていけたらと思っています。

多様な評価があっていい

通知表は,管理職に目を通してもらったり(学校によっては教務部で見るところもあるらしい),親に渡して,しかも後に残るものなので,プレッシャーがかかります。気楽になんて書けませんよね。でも,ボクは若いときは100%のエネルギーで書いていたとすると,最近は70%くらいのエネルギーで書くようになりました。だから,通知表書きが終わったとたん,バタッと倒れるということも無くなりました(20代のころはよくありました)。

どうして100%ではなく70%くらいの力で書けるようになったかというと,20年以上前に聞いた小原茂巳さんの話がきっかけでした。そのとき小原さんが話したのは,こんなことです。

> 「評価=通知表と連想しちゃいがち。通知表は子どもをいじけさせたり,傲慢にしたりする暗いものというイメージがある。でも,仮説実験授業の授業の中で,意見を言った友だちに拍手する。論敵があらわれると討論で張り切る子がいる。自分がドキドキしながら言った意見で予想変更してくれる子が出てくる。こういうのはみんな〈評価〉じゃないか。おた

がいに評価し合いながら自らを高め合う子どもたち。〈評価〉ってほんとうは明るいものなんじゃないか」

そして，小原さんはこう続けました。

「〈通知表というのは，いろんな評価活動の中のひとつにすぎない〉と思おうじゃないか，と。それで，もっともっと多様な評価基準を教育活動の中に入れたら，いろんな子どもが楽しめたり，自信を持てたりすると思います。学校より，今は社会の方が多様化していますよね。学校は，通知表だけという感じがして，評価のモノサシがひとつくらいしかないけど，社会はそうじゃないよね。社会には多様なモノサシがあるから，ツッパリ君なんて社会に出るとツッパらなくなる可能性が大きい。自分の好きな仕事を見つけてバリバリとがんばることってあると思うんだよね。学校には多様なモノサシがないことが危ないような気がします」（「アナタとワタシの評価論」『たのしい授業たのしい人生』たの教出版，より）

この話を聞いてボクは，「そうだよな。通知表だけが絶対じゃないよな。子どもたちもボクも今，仮説実験授業に夢中だけど，その〈仮説実験授業の評価〉なんてほとんど通知表には反映されないしな」と考えました。「通知表ですべて評価されるものではない」と思えると，今までよりも通知表書きが気楽にやれますね。

＊たのしい評価活動の一つに，小原茂巳さんがはじめた「科学の授業

ベストテン」があります。「仮説実験授業の授業書がひとつ終了したとき，授業で活躍した人をみんなで投票し合う」というものです。（詳しくは小原茂巳『授業を楽しむ子どもたち』仮説社，参照）

おまけ：通知表が笑顔を運ぶこともある

　通知表だけが評価ではない。いやむしろ，「一番大切なことは通知表の成績では測れない」とも思います。「学校の勉強がはたしてどれだけ人生に役立つのか？」と考えると，「たかが学校の勉強！」「たかが通知表！」という気もします。

　しかし，夏休みに田舎（新潟県）の親戚の家に行ったとき，こんなことがありました。母親の実家のその家では，今年小学１年生になった孫のことが何かと話題の中心でした。そして，その１年生の子の通知表や１学期の国語や算数のテストを，みんなでボクに「見ろ，見ろ」と言うのです。両親に，おじいさん，おばあさん，ひいおばあさんまで加わって，家族みんなで孫の通知表を喜んでいたんです。

　小学校１年生の１学期だから良いに決まってるんだけど，100点のテストや通知表の「よくできました」をみんなでニコニコながめていたことを今でもよく覚えています。通知表は，家族を幸せな気分にしてくれることもあるのです。「たかが通知表」「されど通知表」ですね。

イイ授業ってなんだろう？

●騒々しい授業が終わって……

イイ授業のイメージ

　放課後の徳永さんとの会話です。

　徳永「今日の国語の授業は，僕のやりかたが悪くて全然うまくいきませんでした」

　オガワ「え，そう？　けっこう子どもはよく集中してたと思うけど」

　徳永「そうですか。でも，なかなか授業がうまくいかないです」

　オガワ「でも，指導書とかのマネをしようとしても，書いてある通りには絶対ならないよね」

　徳永「そうなんですか……」

　オガワ「でも，いいよね。若い先生だと子どもたちがそんなに先生に対して気をつかわないから。授業がつまんないと，正直にだらけてくるよね。バシッと子どもを威圧する先生だと，子どもが先生に対して気をつかって，つまんない授業でもシーンとなってたりね。

　どういう授業が，本当にイイ授業なのか？〈イイ授業のイメージ〉ってそれぞれの先生が持ってると思うけど，でも，わかんないよ，どういう授業がいいのか。ホントのところはね。

　それにしても，２時間目のオレの理科の授業も，なんかうる

さかったね」

徳永「そうでしたね」

オガワ「ずうっとシャベッてるやつがいたもん。ちょっとはオレに気をつかえよ，って（笑）」

騒々しい授業

その騒々しい授業は，7月8日（月）の2時間目。朝から蒸し暑い月曜日。1時間目からなんか子どもたちがザワザワしていました。

その日は《ものとその重さ》の第2部でした。

まず，前回の授業の復習（木切れを水に浮かせて重さをはかる問題）をします。その実験をもういちどやってみました。全員の子が正解に手を挙げています。

次は石を水にしずめて重さをはかる〔問題2〕です。

授業書《ものとその重さ》〔18ペ〕

〔問題2〕
　いれものに水をいれて、その重さをはかったら、いれものごとで　　　gありました。
　これを台ばかりの上にのせたままで、その水のなかに石をいれたら、はかりの目もりはどうなるでしょう。
　この石の重さは　　　gあります。

予　想
　ア．ちょうど石の重さだけふえる。
　イ．石をいれる前と同じで、かわらない。
　ウ．重さはふえるが、石の重さほどはふえない。
　エ．石をいれる前よりかるくなる。
　オ．そのほかの考え。

ワイ　ワイ
ガヤガヤ
かんた〜ん
かんた〜ん．

予想分布は、
　ア…28人　イ…0人
　ウ…0人　エ…0人
　オ…1人

　ほとんどの子が「ア．石の重さだけふえる」です。すぐに実験をします。

　実験の結果は、「ア」。

830g
アが正解！
イエ〜イ！！

　「イエーイ」と大声で喜ぶ子どもたち。

　そのあと、ガヤガヤが収まりません。「次の〔問題〕やるよー」と言って、なんとか静かにさせます。次の〔問題3〕のプリン

授業書《ものとその重さ》〔19ペ〕

〔問題3〕
はじめに，水をいれたいれものと角砂糖4ことを，てんびんの一方の皿にのせ，もう一方にはおもりをのせてつりあわせておきます。

そこで，つぎに角砂糖を水の中に入れてよくかきまぜてとかし，もういちど，てんびんにのせることにします。そのとき，てんびんはどうなるでしょう。

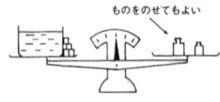

予想　砂糖をとかした方は，
　ア．かるくなってあがる。
　イ．重くなって下がる。
　ウ．つりあったまま動かない。

ほう，ウルサイよ〜
聞きなさい！

ワイワイ
ガヤガヤ
ザワザワ

トを配りました。

「読みたい」という竹野君に〔問題〕を読んでもらいます。でもザワザワが続いています。

オガワ　大丈夫？〔問題〕の意味わかった？　だめだよ，しゃべってちゃ。ずっとしゃべってる人いるね？

だれか　佳奈だよ。

オガワ　佳奈ちゃん，いいかげんにしなさいよ！　優君も佳奈ちゃんに話しかけないでね。えっと，上皿てんびんを使います。ビーカーに水を入れてっと……。

山北君　あ，角砂糖だー。ちょうだい，ちょうだい。

オガワ　……（無視）。

オガワ　アとウに予想が分かれるね。

神山君　ウからイに変える。下がる気がするから。

オガワ　じゃ，アの人から予想を選んだ理由を教えて下さい。

竹野君（ア）　砂糖をとかしたら，砂糖の重さはなくなると思う。

小林君　ウからアに変えます。どうしてかというとね，角砂糖を水にとかすんだから，角砂糖のつぶは……（**ガヤガヤ，ザワ**

ザワ。聞き取りにくい……）。

オガワ　ちょっと，小林君の意見が聞こえない。ちょっと，だまってて。ほら，水谷君，前を向きなさい。小林君，どうぞ。

小林君　角砂糖のつぶは水とまざって角砂糖の重さはなくなったようになってしまう。

オガワ　はい，ありがとう。じゃ，ウの人？

だれか　先生，変えたーい。

オガワ　ちょっと待ってね。志村さん，どうぞ。

志村さん（ウ）　とかしても砂糖の重さはなくならないから，変わらないと思う。

山北君　ぼく，アからウに変えまーす。

　このあと，アからウに変える子が続きました。

オガワ　はい，じゃ，ウの人で理由を言ってくれる人？　河内君どうぞ。

　……ちょっと，ほら，静かに（黒板に大きく耳の絵を書く），耳！口はいらない！

河内君（ウ）　角砂糖がとけたと言ってもはかりの上から消えたわけではないから重さは変わらないと思う。

江口君（ウ）　あのね，砂糖には水分がふくめられていてね，だから水にとかしても重さは変わらない。

水谷君（ウ）　とかしたからといって……（**ザワザワザワザワ**）。

オガワ　ちょっと，いいかげんにしなさい！　小川先生だってマジに怒るよ。今，水谷君なんと言った？　ほら，聞いてないじゃないの。もう，一真君，前向きなさい。みんなどこを見たらいいの，今？

みんな　（シ～ン）

だれか　江口君。

オガワ　ちがうでしょ。今は水谷君が意見を言ってたんです。はい，水谷君どうぞ。

水谷君（ウ）　とかしたからといって，角砂糖が消えるわけではないから，重さは残ると思います。

　最終的な予想分布は以下のようになりました。

　　ア．かるくなってあがる。　……11 ↓ 1 ｜　6人
　　イ．重くなって下がる。　　……0　1 ↑↓　1人
　　ウ．つりあったまま動かない。……18　｜5　22人

それでは実験です。教室の前に出てくる子どもたち。

オガワ　はい，やるよー。3・2・1……（シーンとなって上皿てんびんをみんなみつめます）。

正解して喜ぶ子どもたち。「角砂糖食べたい〜」と寄ってくる子もいます。

オガワ　ほら，まだ休み時間じゃないんだからね。座りなさい〜。

　こういうとき，感想文を書いてもらおうか迷います。なかなか座らない子もいます。ガマンできずに，ボクはまたまたお説教をはじめてしまいました。

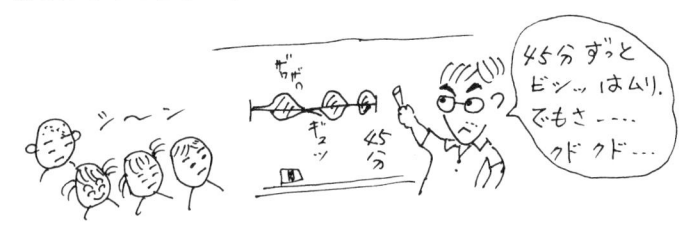

　そのあと，まだ5〜6分あったので，感想文用紙を配ってみました。最初から最後までずっと騒々しかった授業。「最後にお説教しちゃったし，なんか疲れた〜。イイ授業じゃなかったかも……。あまりイイ感想は期待できないかな？」と正直，思います。

　ところが！　ボクに名指しで叱られていた佳奈ちゃんの感想は，「楽しい気持ち」であふれていたのです。

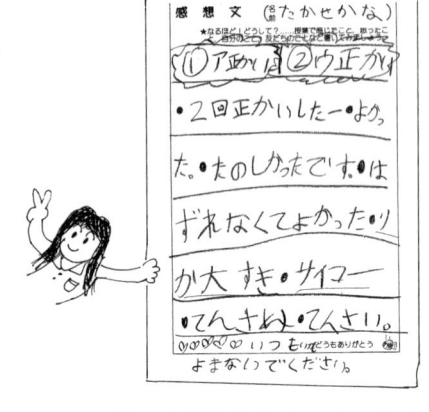

この日の〔問題〕に2問とも正解したことがうれしくてしかたない、という感想文です。感想文用紙の下の方の「どうもありがとう」の前に「いつもいつも」なんて書いてあります。子どものウキウキ感が伝わってきて、こういうちょっとした書きこみがすごくうれしいです。

次の志村さんも吉田さんも「2問とも当たった満足感」でいっぱいの感想です。

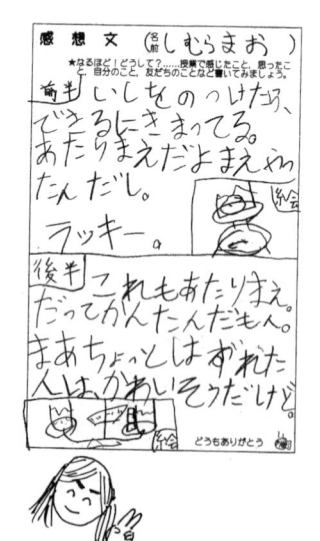

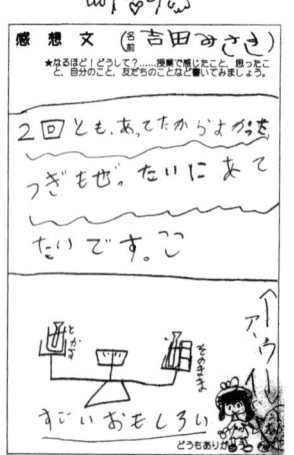

そのほかの子どもたちの感想も，いくつかご紹介します。

☆ふたつともあたってよかったです。つぎもあたりたいです。
　　　　　　　　　　　　　　　　　　　　　　　　（小池優斗）
☆きょうは２問ともはずれてすっごくくやしかったです。つぎ
　の理科のじゅぎょうはがんばってあてたいです。（山中隼人）
☆今日は，２回れんぞくあたってうれしかったです。またこん
　どもたくさんあててやりたいなー。やっぱりあたったらうれ
　しいです。やったー。　　　　　　　　　　　　（伊丹　萌）

　どの子の感想を見ても，「当たってうれしい」「はずれてくやしい」ということが書いてありました。
　そうなんですね。教師（大人）は，「静かに集中していたか」とか「活発な意見がたくさん出たか」を良い授業の条件に考えがちです。だけど，子どもは「〔問題〕に自分が正解できたかどうか」が，一番の関心事なのです。「仮説実験授業は単なるアテモノの授業ではないか？」という疑問が他の教師から出ることがあります。でも，いくら子どもでも，つまらないアテモノでは「あたりたい」なんて本気で言わないですよね。いくら問題の答えがあたったところで，賞品があるわけではありません。ただ，自分の知的満足度の問題なのです。だから，子どもが「あたりたい」と思うのは，その問題が子どもにとって「考えるに値する」問題だからこそなのでしょう。もっとも，そういうことを，ボクも忘れていることがよくあります。で，こうやって60歳になっても子どもたちから教えられるのです。

その他，森田君という子の感想も面白いな，と思いました。

☆今日はすごく楽しかった。高校生がまちがえるって，すごいびっくりした。理科ってこつこつやると，むずかしいのもこたえられるのかな。次はもっとむずい問題をしたい。(森田 樹)

「高校生がまちがえる」というのは，授業の終わりに「今日の角砂糖の問題は高校生でもイキナリやるとけっこうはずれる人が多い」という話をちらっとしたんですね。それを覚えていて，「こつこつやると（1問，1問，予想と実験を繰り返してその結果を積み上げていくと）難しい問題でも解ける」と書いているんですね。まだ2本目の授業書なのに，そういう仮説実験授業の本質を理解したような感想が書けるなんてすごいと，ボクは感激しています。

こうやって全員の感想を読んでいると「なんだ。すっごくイイ授業だったんじゃないか?!」と思います。子どもたちはとても満足し，勉強になったと言っています。早めにお説教を打ち切って感想文用紙を配って本当に良かった……。

「イイ授業かどうか？」——その決め手は子どもたちの感想なんだ，とあらためて思いました。「良いレストランかどうかを決めるのは料理を食べたお客さん」だとしたら，良い授業かどうかを決めるのも，授業を受けた子どもたちですよね。

新人教員，自立への一歩一歩
●再びやってきた保護者会

保護者会をどうクリアするか？
　1学期末の保護者会が近づいていました。
　オガワ「今度の保護者会は徳永さんがバシッと仕切って下さいね」
　徳永「ええ?!　だいじょうぶかなぁ……」
　オガワ「オレは年休でも取るかな」
　徳永「そうですか……」
　オガワ「冗談です。一応いますけど。あ，前に一緒に組んだ新卒の伴野さんという人は，保護者会で話すことを〈原稿〉にした学級通信を作っていましたね。〈そのまま読めば保護者会が終わる〉という文章で，ボクもそれマネしたことあるけど，そういうのがあると安心だよね。大変だったら，メモでも箇条書きでもいいから，30分くらい話すことを，ちょっと書いてみませんか。1学期の子どもの様子が保護者に伝えられるようなものを」
　徳永「はい，じゃやってみます」
　で，翌々日の木曜日，「できましたー」と徳永さん。
　「ルーキーズ／保護者会特別号」というのを見せてくれました。「ルーキーズ」というのは徳永さんの学級通信の題名です。

1ページ目には「3年2組・1学期の主な取り組み」というのが書いてありました。

```
～3年2組〈ルーキーズ〉の1学期～
◎主な取り組み

4月
・朝の連続小説　開始
・集合、整列ナンバー1を目指して
・無言朝自習　開始
・係活動・給食当番・掃除当番
　（一人一役）
・たのしい理科の授業
　《空気と水の仮説実験》〈スポイト競争〉
・たのしい総合の時間
　〈クイズ100人に聞きました〉
　〈20の扉〉

5月
・こども祭り（一人一窯）
・たのしい学活の時間
　《構成的グループエンカウンター》
・日記活動　開始
・たのしい社会科の時間
　〈大笑い大感動のバラエティー日記〉
　〈地図記号マッキー〉
　〈町探検にいこう〉

6月
・たのしい総合の時間
　〈ブーメラン〉〈超能力カード〉
　〈ローマ字〉
・たのしい理科の授業
　《ものとその重さの仮説実験》
・たのしい学活の時間
　〈楽しく過ごすには…協力！〉
```

　《空気と水》や《ものとその重さ》などの仮説実験授業。「朝の連続小説」や，ブーメランといったものづくり。〈クイズ100人に聞きました〉などのゲーム……ボクが行った〈たのしい授業〉がちゃんと書いてあるのはうれしい点です。「いいものはいい」「子どもたちが喜ぶものが大事」と素直に見てくれてるところが，徳永さんのエライところです。1学期はほとんど〈たのしい授業〉関連はボクがやったのですが，2学期からは少しずつ徳永さんにもやってもらえるようにしたいと考えているところです。

　取り組み欄の傍線部は次ページに解説がしてあります。保護者会ではこれをゆっくり読めばいいわけです。例えば，〈朝の連続小説〉だったらこんなこんな感じです。

　3年2組の1日は「朝の連続小説」から出発すると言っても過言ではありません。毎朝1時間目の最初や国語の時間を使って5分間の読み聞かせを行なっています。読む本は小川先生が選んだ，子どもたちが大好きなお話ばかりです。連続小説が始まるとざわ

> ざわしていた教室は一変し，静まり返ります。
> 「はい，今日はここまで〜！ チャンチャン♪」と小川先生が言うと必ず「え〜！！」「いい所だったのに〜！」「あと1分残ってる〜！」など，ブーイングが巻き起こります。
> 本の魅力を感じるとともに，「ここから勉強が始まる」との集中力も養うことができます。現在本は6冊目に突入中です。

「朝の連続小説」は，読む時間が朝作れないときは，4時間目の社会科の時間に読んだりしていましたが，なんとか毎日読んでいました。1学期に読んだ本は，山中 恒『このつぎなあに』（あかね書房），ニコラ・ド・イルシング『なんでもただ会社』（日本標準），松岡亨子『くしゃみくしゃみてんのめぐみ』（福音館書店），矢玉四郎『メカたんていペンチ』（ポプラ社），矢玉四郎『しゃっくり百万べん』（偕成社），山中 恒『クラマ博士のなぜ』（理論社）などです。

子どもまつり，班日記……新人教員自立への一歩一歩

5月にやった「こども祭り」というのは，半日つぶしてクラスごとにものづくりやゲーム，おばけ屋敷などのお店を出す児童会の行事です。3の2の子どもたちは「わりばしでっぽうの店をやりたい」と言いました。ボクなんかだったら，大変なのでちがうお店に変更させてたと思います。でも，徳永さんは「やる」というので，「大丈夫かな？」と心配しつつも，ボクはあえて手を貸さないで見ていました。でも，徳永さんと子どもたちはりっぱにやりとげました。きっと徳永さんにとっても大きな自信になったのではないでしょうか。

> 　1学期の主な行事「こども祭り」では、「一人一躍」をテーマに全員が「クラスのため」に協力しました。担任だけでなく子どもたちもはじめて運営するこども祭り、しかし、店長の4人を中心に「何をやるか」「誰がどの仕事をするか」など、こども祭りの成功に向けて全員で取り組みました。
> 　そして本番は、150人以上のお客さんが来てくれ、大盛況！また、「自分が頑張ったこと」だけでなく、「友だちの頑張っていたところ」にもたくさんの友だちが気付き、作文に表現することができていました。「クラスのために働くこと」の気持ちよさや、達成感を感じることができた、大成功・大成長のこども祭りでした。

　その後、徳永さんは「班日記をやってみたい」と言いました。1冊の日記帳を班内のメンバーで順番に書くのだそうです。「そういうのはどんどんやってみてくださいよ」とボクも言い、やってみてもらいました。毎日、徳永さんが日記を読んでくれたり、学級通信に取りあげてくれるので、子どもたちはすごく張り切って日記を書くようになっています。班日記の宿題が出た子も全然いやがっていません。ボクの予想以上に上手く、日記指導が好循環していて驚いています。若い先生は勉強熱心で偉いと思います（ベテランも見習わなくちゃね）。

　保護者会ではそういう「子どもたちが張り切っている様子」を徳永さんが紹介してくれました。予想通り、この「学級通信特別号」をお母さんたちはニコニコして聞いてくれました。ボクも最後にちょこっとだけコメントを言って、無事に保護者会を終えることができました。

伝えたいことは1つだけ
● 「たのしい授業」でいくしかない！

伝えたいことはただ1つ

　こうして，無事に1学期が終わりました。新卒の徳永さんにとっては長い4カ月だったのではないでしょうか。

　もう今，ボクは帰りの学活なんかは顔を出さないし，学級担任の仕事もほとんど徳永さんのペースでやってもらっています。ボクは国語・理科・社会・総合の授業にだけ，黄色い買い物カゴを下げて3の2の教室に出かけて行きます。ほんと，「出前授業」という感じです。「小学校担任として自立してもらう」という目標は，順調にクリアーして来ていると思っています（徳永さんは素直で，しかもけっこうカンがいい人で，とても助かっています）。

　もうクラスのことは全部任せてもよいのでは，と思うこともありますが，そうなると今度はボクの仕事が無くなってしまうので，「痛し痒し」ですね。ボクは，いつも書いている通り，定年以後も授業をやること自体はほんと楽しいし，冗談じゃなく「お金を払ってでも授業をやらせてもらいたい」と願うくらいです。2学期からは，「授業をやるのが一番の楽しみ」というボクのために，「なんとかお願いして3の2で授業をやらせていただく」というスタンスに変わっていくように思います。

1学期は体育や仮説実験授業，ものづくりなどの「たのしい授業」をボクがやって見せただけでした。2学期からは，ひとつずつ解説をしたり徳永さんにやってもらえるように，と考えています。でも，ボクが徳永さんや学校の若い先生たちに伝えたいことって，けっきょくひとつしかないんです。

　子どもたちをビシッとしつけて常に自分の思う方向に動かしたいと考えるタイプの先生もいるのでしょうが，幸か不幸か，新卒の徳永さんにはそれは難しいはずです。本人はどう思ってるかわからないのですが，子どもたちは正直です。ベテラン先生に対するようには，余計な気も遣ってくれません。だから，もう〈たのしい授業〉で行くしかないのですよ。ボクが伝えたいことはただ1つ，「**たのしい授業で行くしかない**」——これだけです（もうほかに言い残したことはありません……笑）。

　生活指導や当番などの「学級の細かな決まりごと」のことで，あれこれ子どもに言っていたのは4月だけでした。徳永さんが「1学期の取り組み」（124ペ）に挙げてくれたように，クラスの子どもたちを引きつけてきたのは〈授業のたのしさ〉がほとんどです。もう，それだけといってもいいくらいです。

　学校の若い先生たちや，子育てで自由な時間が取れないお母さん先生たちとも，ほんとうはもっといろいろ授業の話がしたいのですが，でも，みんな忙しそうです。こんな「日記」が少しでもお役に立てたらうれしいと思いつつ，今は，ただ，みなさんの机にそっと置かせてもらっています（この「空見上げて」という通信を，職員室の7〜8人の先生に配っていました）。読んでニッコリしていただけたらそれで満足です。

徳永さんからのメッセージ

7月18日。終業式の前の日に「1学期をふりかえった感想を書いていただけませんか」と徳永さんにお願いしました。「短くてもいいので気楽にお願いしますよ」とボクは言ったのですが,次の日に「1学期を振り返って」というメッセージをもらうことができました(実は朝からそれを読むのがとても楽しみでした)。以下がそのメッセージです。とてもすてきなメッセージで感動しました。

****

1学期を振り返って

徳永正弘

4月から3ヵ月は,あっという間の1学期間でした。3月下旬に初めて城山小学校を訪れたときに,校長先生から「学級経営研修生」ということを聞かされました。そして小川先生と初めてお会いした時,とても退職された先生には見えず,優しそうでお若いなあという印象でした。

4月の最初は「何時に帰ればよいか」という「0」からのスタートでした。しかし,何をしていいかわからない自分に小川先生は一つひとつ丁寧に教えてくださり,本当に心強く感じたことを覚えています。小川先生がいらっしゃらなかったら……と考えると恐ろしく思います。

授業においても実践を通して「子どものひきつけ方」「しかり方」「褒め方」など楽しい授業を教えてくださいました。理科の授業では,自分自身「予想」が外れてしまって「悔しい!」と何度も思いました(子どもには言えませんが……笑)。

一番心に残っているのは，小川先生が「ぼくもこの仕事が初めてだから，手探りなんですよ」とおっしゃられていたことです。いつも小川先生を頼りにしてしまっている自分ですが，小川先生もどのように自分と関わればいいか，どのように指導すればいいかを迷いながら，悩みながらかかわっていただいていることに気付かされました。

　それは自分がいつも楽しみにしている「空見上げて」を読んだときにも感じました。小川先生には小川先生の教員人生があり，正解やこうした方が良くなるということがたくさんあると思います。しかし，自分には言いたいことをたくさん我慢されて，優しく，自由な雰囲気で教えてくださいました。自分が小川先生の立場だったら，「これは違う，あれは違う」と厳しくしてしまっていたのではないかと思います。

　また，「5月の研修大会」に行ったときも，小川先生の優しい姿勢が本当によかったと感じました。周りの初任者の方は，あまり人間関係がうまくいかないことや，子どもたちが新人育成の人を主担任のように思ってしまっているなど，様々な悩みを発表していました。しかし，自分は小川先生のおかげで，毎日が本当に楽しく，仕事が憂鬱になったことはありません。これも小川先生のおかげだなあということを感じ，改めて感謝の念が湧き上がってきました。

　「空見上げて」は，自分自身の振り返りということにも使わせていただいています。さまざまな出来事に関して，小川先生の考え方を整理しておもしろく伝えてくださることで，「このように考えれば良いのか」ということがよくわかります。

また，小川先生の実体験（特に初任者のころ）なども，今の小川先生からはわからない体験が書いてあり，とてもおもしろく読ませていただいています。
　２学期からもたくさんのことでご迷惑をおかけしたり，ご指導を仰いだりすると思います。自分自身もしっかりと勉強して，担任として，キラキラとしている子どもたちのためにがんばっていきたいと思っております。よろしくお願いします。
　＊＊＊＊＊＊＊＊＊＊＊＊＊＊＊＊＊＊＊＊＊＊＊＊＊＊

　これを書いてもらうことで徳永さんに余計なプレッシャーを与えてしまったとしたら申しわけないのですが，でも，それを割り引いても，この文章はとてもうれしく読ませていただきました。終業式後の職員の昼食会で「毎日学校に来るのがとても楽しいです。嫌だと思ったことはありません」と言っていた徳永さんを見て，ボクもひと安心。
　「新人育成」の仕事も，ひとつの〈仮説−実験〉かもしれません。１学期を終えて，自分のやっていることが基本的に間違っていなかったという〈結果〉に，幸せな気持ちになりました。「空見上げて」という日記を配るのも，「自己満足かな？」と，しょっちゅう自信が無くなるのです。でも，少しでも新卒の先生の役に立っていたようでありがたいです。
　明日から夏休みです。教員の夏休みも，昔のように40日全部自由に休めるというものではなくなりましたが，「新人育成教員」のボクはそんなに出勤日がありません。久しぶりにのんびりした夏休みがおくれそうです。

On a slow boat

「オレはこっちへ行くんだ」という生き方

告発はなぜダメなのか

ボクが所属する仮説実験授業研究会は,「対立相手を告発しない」というのが基本的な運動方針です。だから,月刊誌『たのしい授業』にはたとえば「教科書の中身を告発するだけの記事」などは掲載されません。同誌の「創刊の言葉」の中で,研究会代表／編集代表の板倉聖宣さんは次のように書いています。

告発せずに理想を守る

少しでもたのしい授業が実現しうるメドがついたら,そういう授業を追求する努力はとてもたのしいものとなってきます。そして,教師が余裕をもってたのしい授業を追求していくことができるならば,その追求の成果はいよいよ大きいものとなるでしょう。だから私たちは,この雑誌を,教師がその授業をたのしめるような,そういうたのしい雑誌にしていきたいと考えています。理想的な教育を追求しようとする教育運動には,得てして悲壮感がともないがちですが,そういう悲壮感のある雑誌にはしなくてすむと思います。

現実が理想通りにならないと,とかく人は現実を告発し,自分自身をせめることで自分が高邁な理想をめがけて生きていることに満足感を味わおうとしたりしがちです。私たちは,そういう非生産的な告発をしないように努めるつもりです。(板倉聖宣「いまなぜ〈たのしい授業〉か──創刊の言葉」『たのしい授業の思想』仮説社)

例えば選挙になると,いろいろな「告発の言葉」が各候補者から発っせられます。批判や告発が,社会の矛盾をクローズアップさせ,その解決に努力する人が出てきてくれたおかげで,結果的に住みよい社会に変わることもあると思います。

ボクが初めて上京したのは1971年。公害反対運動が盛んなときで,東京の空は一年中ドンヨリしていて,どこの街の空気もドブ臭いに

おいがしていたものです。でも，そんな公害もいつのまにかかなりの部分が克服されたのですから驚きです。こういうのは，〈告発〉の1つの成果だと言っても良いでしょう。

だから，ボクもふくめて世の人びとはみんな，けっこう〈告発〉が好きなんじゃないかと思います。そういうボクも人並には正義感が強いと思うし，じっさい20代のときは組合青年部の役員をしていました。青年部の機関紙に告発の文章を書き，職場でも管理職とたたかっていました（「今の小川さんからはとても信じられない」とよく言われます……笑）。

とはいえ，そういう〈たたかい〉で消耗した経験もあって，最近はやたらめったら告発をしないように気をつけています。でも，職場で腹が立つことはもちろんあるので，こうして「日記」なんか書いているとその中についつい「告発」を書きはじめていることがあります。アブナイ，アブナイ……。

「のりこえる」というスローガン

批判や告発がまったく社会的にムダだとは思いません。でも，ボクは先日読んだ板倉聖宣さんの次の文章がずっと頭の片隅に残っているんです。

「オレはこっちへいくんだ」
　　　という生きかた

数年前，いやもう大分前になりますか，大学で騒動がおこって──ある人たちは大学闘争といい，ある人たちは大学紛争といい，呼び方はいろいろありますが──その中で学生諸君がさかんに今までの権威を打倒しようというんで勇ましいことをいいました。なんか勇ましいことを，おっかないようなことばで表現しましたね……？　打倒して──のりこえて……克服……いや，もっとすごいかっこいいことばでしたね。

そういうことばが流行して──その頃は私はもうすでにある程度の年になっていまして，のりこえられる方のね──で，そのとたんに，「ああいうことをいっている間は，ぜったいオレ，のりこえられないなあ」と思ったんですよ。

だって，ぼくの方がずっと先に生まれているんですからね。私はここにいる。若い学生さんはここにいるんですよ。で，私をのりこえるというんでしょ，大へんですよ，ここまでくるのは。そして，ここまでくれば私はまたここまできますわね，おそくたって。ネ，学生さんがここまで来ると，私はここまで来る——「アキレスと亀」の話と同じようなもので，これはなかなか追いつけませんよ。ぜったい私は負けないだろうという自信がある。つまり，学生諸君がうしろ側からきてのりこえようなんて考えている。そういう学生は問題にならない。だが，もしこの学生が私の行く方向と全くちがうこっちの方へ行っちゃったらね……私の全然見知らぬ方向を開拓してね……そうすると，これは私が時代おくれになってしまうかもしれない。「あ，そっちのほうが大事だった」ということになりかねませんね……これは事実として私はもうのりこえられているわけですよ。しかし，この場合は「のりこえる」とはいいませんね。同じ方向へだったら，乗って越えると，そういえるけれど，全くちがう方向なんですからね。

　つまり，もっとも勇ましいと思われていた学生諸君が，「のりこえる」ということばしか使えなかった——それが私には悲劇に見えてしかたなかったのです。

　だれか自分たちの前に人がいたとします。そのときその先人のいる方向が正しいんだとはじめから決めてしまって，その方向にまっしぐらに行って「オレのほうが先に行った」といいたいと思っている。まさにそういう教育がおかしいのだということに気がつかねばならない。「オレはオレで行くんだから」というようなヤツがおれば，どこかですばらしいものがみつかるかもしれないでしょ。
（板倉聖宣「他人が描いてくれる夢のおそろしさ」『仮説実験授業の研究論と組織論』仮説社）

船を漕がない

　「批判して○○をのりこえよう」という運動が，「けっきょく同じ土俵に乗っているだけ。のりこえることすらできなかった」というような例も多いのでしょう。それ

がなぜなのか，ということを板倉さんはこのお話でわかりやすく解説してくれていると思います。教科書や学校の研究授業のことを批判していても，ボクはなんだかちっともたのしくない，といつも思います。それよりも，「ぜんぜんちがった道をみつけるほうが生産的」なのですね。

以前，20代のときの自分の気持ちを書きました（54ペ参照）。その中でボクはこんなことを書いています。

「教科書通りに授業をやる」のは安心です。大きな船に身を任せているようなものです。それに対して，自分で授業を1から組み立てるのは，ひとり小舟を漕いで川を渡るようなものです。ボクは同僚の先生から何かを学ぼうという気持ちはなかったのですが，自分なりに工夫して授業をやりたいという気持ちは強かったと思います。

ボクは「小舟をひとり漕ぐ」ことで教科書授業をのりこえようと考えていたのですが，実際にできたのは「教科書まがいの自作プリント」で似たような授業をやることだけでした。「ぜんぜん教科書をのりこえてなんかいなかった」ということに気付いたのは，その後，仮説実験授業というまったくちがう道を歩みはじめてからでした。

汗水ながしてひとり船を漕いでも，子どもの笑顔にであうことは，できなかったのです。「船を漕ぐ」という常識をすてて「自転車で橋をわたっちゃう」のがいい。今なら笑いながらそう思えます。橋の上からでないと見えない景色がきっとあるはずです。

❸ 新人教員 自立への道

オレの仕事ってなんだっけ？
● 「たのしい授業」がボクの出番！

2学期がはじまった

9月2日（月）。2学期が始まりました。

今年の夏休みは再任用職員の特権で，久しぶりにたっぷり休めました（もう退職しちゃったんだから当たり前かな？）。再任用職員の月ごとの勤務日数はあらかじめ決められていて，原則，勤務日の変更ができません。8月の勤務日数は11日です。月平均16日ですが，8月はちょっと少なめ。「授業がない8月はあまり勤務してはいけませんよ」ということなんですね。でも，その11日の勤務日から4日間の夏季休暇や健康診断や研修をのぞくと，学校に行く日はさらに少なくなります。

そういうわけで今年は子どもたちと同じように8月の最終日まで休みだったので，9月2日の朝は眠くてボーッとしていました。「小川先生，お久しぶり」と同僚から声をかけられても「はー，なんか浦島太郎みたいです」と苦笑い。

職員室では朝から9月の末にある運動会の話題でもちきりです。3年生は「エイサー」という沖縄の民舞をやることになっていて，その太鼓作りや踊りをどうするかを，みんなでにぎやかに話しています（ますますボクの「ボーッ」が深まります）。

その日は体育館で始業式。3年2組の29人の子どもたちはみ

んな元気そうです。とてもなつかしい感じがします。「小川せんせーい」と子どもたちが笑顔で近づいてきます。うれしい瞬間です。体育館での始業式をしている間,「オレ,別に今ここにいなくても誰も困らないよな」と思うと,気楽な反面チョッピリさびしい気分にもなります。校歌が始まります。なんとなく今朝は元気に歌う気分になれません。暑さは続いているけど,空の色は少しずつ秋に近づいています。赤トンボが飛んでいるのを今年はじめて見ました。

　この日は午前4時間の授業です。宿題を集めたり,教科書を配ったりする「事務的なこと」でダラダラ時間が流れて行きます。最初静かだった子どもたちもすぐに話を聞かなくなってオシャベリが多くなりますが,いつもの「元気いっぱい」という感じではありません。なんとなくいつものペースをみんな忘れてとまどっている様子に見えます。

　担任の徳永さんが〈2学期のめあて〉の紙を配り,めあてを書かせます。「書けた子はもっといで」というと,この日初めて教室に〈集中〉の空気が流れました。書けた子どもたち一人ひとりに徳永さんが「あ,いいじゃないの,これ」と声をかけています。

　久しぶりの学校で,ボクは「オレの仕事ってなんだっけ?」と考えます。もう7割くらい(?)小学校教師の仕事ができるようになってきた徳永さん。安心して任せておける時間が多くなっています。それに,他所の学校の新採の先生はほとんど(10人中9人が)ひとりでがんばっています。それなのに,この教室だけ先生が二人いるって,なんか不自然な気がしてきます。

新採の先生の「今ある7割の力を10割にする」のがボクの役目なのでしょうか？　でも，ボクだってできないことや苦手な分野はたくさんあります。たとえば今がんばっている「運動会のダンス」は超がつくほどニガテです。自慢じゃないけど一度も子どもたちに〈指導〉したことはありません。「中学年の社会科」なんてのも，何を教えたらいいのか正直よくわかりません。ピアノも弾けないし水泳も怪しい。ボクは「10割の能力」のある教師では決してないのです。欠落した部分を抱えながら，よく無事に36年間も小学校教師をやってきたものだ，と思います。
　「うーん，オレの仕事ってなんだっけ？」。自問自答をくりかえします（要はヒマってこと？）。

　1学期は，たとえば「週案」はボクが1週間分作り，「あ，じゃここの道徳はお願いね」というふうにして徳永さんに清書をしてもらっていました。2学期からは，それも「基本的には徳永さんが作り，理科と社会はボクが考える」というふうにしようと考えています。
　「3年2組，教科書を早く持って行ってください」と事務室から連絡が入ります。徳永さんに「あ，いいよ，オレが行くから」と言い，ボクは図工室に教科書を取りに行きました。

人間トランプ
　4時間目の国語はボクがやらしてもらうことにしました。子どもたちの前に立って話すのがホントひさしぶりで，ちょっと緊張します。

小川「あのね，みんなは〈今日学校に行くとこういう勉強するのかな？〉と予想して学校にくるんだよね。でも，ボクはそういう君たちの予想を裏切りたいと思っているんです。〈えー！こんな面白い勉強があったんだ〉と思ってもらえるように，2学期もがんばります」

　さいしょに子どもたちに向かってこんな話をしたのですが，子どもたちは何のことやらピンと来ない表情で，ザワザワして（もう4時間目ですし）〈視聴率〉が低いです。

　最初に〈朝の連続小説〉（もう朝じゃないけど）の杉山 亮『怪盗ショコラ』（あかね書房）を読みました。いつもより長目に読んだのですが，終わったとき「もっと読んで～」と子どもたちがいいます。「夏休みの分読んで～」という子も。「ハハハ，42日分は無理だなー。ではまた明日のお楽しみ」とボク。

　「なんか楽しいことをやりたいなー」と思っていて，急に思いついて〈人間トランプ〉というゲームをやってみました。

　オガワ「えっと，〈人間トランプ〉というのをやります。みなさんひとりひとりに〈トランプ〉になってもらいます」

　だれか「あ，知ってる～」

　オガワ「えー，知らないはずだよ。まず，隣の人とジャンケンをしてください。勝った人は右がわ，負けた人は左がわに移ってください」

　ゲームの説明を始めました。

＊「トミタ式人間トランプ／山路敏英」『ぜったい盛り上がる！ゲーム＆体育』（『たのしい授業・増刊386号』仮説社）に載っています（現在品切れ中）。もっとも，これから紹介するボクのやりか

たは，その本に出ているものと少しちがうかもしれません。

〈人間トランプ〉の進め方

・子どもたちは2人ペアで座り，座席順に番号が付けられます。子どもたちには「番号が若いほど位が上である」と説明します（①が王様，⑭は最下位，各2名）。

			先生			
10		5		1	
11		6		2	
12		7		3	
13		8		4	
14		9			

・まず，⑭の左側に座っている子が「⑭」と自分の番号を言い，続いて⑭の右側の子が好きな番号（例えば⑤）を言います。

・呼ばれた番号（この場合は⑤）の席に座っている左側の子は「⑤」と自分の番号を言い，つづいて右側の子は⑤以外の好きな番号（たとえば⑪）を言います。これをどんどん続けて行きます。

・番号を言う子は立って言い，言い終わったらすばやく座ります。

・必ず左側の子が「自分の番号」を言うようにします。まちがえて右側の子が言ってしまうと〈アウト〉になります。

・番号を言いまちがえたり，ボーッとしていて間が空いたときは〈アウト〉になります。〈アウト〉は司会の先生が宣言します。ボクは「チーン」と鳴るベルを使っています。

・〈アウト〉になったペアは一番後ろの⑭の席に移動し，アウトになった番号より後ろのペアは，ひとつずつ若い番号に移動し

ます（ひとつ出世する）。

　この〈引っ越し〉のときが一番もりあがります。

　例えば⑥がアウトになった場合，⑥が最後尾に移り，⑦〜⑭までが1つ前に移動します。

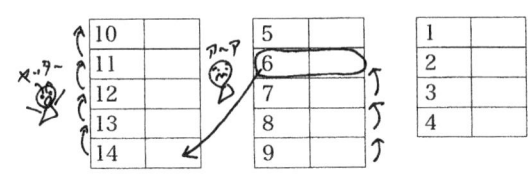

```
          [10]         [ 5]        [1]
   メッター [11]  アーア [ 6]        [2]
          [12]         [ 7]        [3]
          [13]         [ 8]        [4]
          [14]         [ 9]
```

「番号を言う前にどの程度，間が空いたら〈アウト〉にするか」は司会も迷います。最初に何回か練習してから始めるとよいでしょう。「番号が聞き取りにくいこと」も多いですが，そういう場合は〈アウト〉にしないで，もう一度言い直してもらうとよいと思います。

「小さい子にはむずかしいかな？」と心配していたのですが，まったく大丈夫。とても盛り上がりました。チーンとベルがなるたびに「イエーイ」と大歓声があがります。アウトになった子はガッカリするのですが，「⑭はもう下がることはないから気楽だよ。がんばって」と言い，すぐにゲームを続けます。でも，実際やってみるとわかるのですが，ゲーム中は全員ものすごい緊張の連続です。長時間だとヘトヘトに疲れてくるので，20分くらいが限度かもしれません。

「面白かった〜」「またやりたーい」と子どもたち。大満足のゲームでした。ボーッとした感じの子もクラスにはいます。でも，このゲームのいいところは，ペアで協力し合うところです。「注意散漫」な男の子を「しっかり者」の女子が，ひじでツンツン

と合図してる光景がよく見られます。

〈たのしい授業〉がボクの出番！

「人間トランプ」をやったら，始業式の日のよどんだ空気が一変し，いつもの３年２組の「元気はつらつ」な空気がもどってきました。担任の徳永さんも一緒にゲームに参加したり，子どもといっしょに歓声をあげていました。若者はこういうところが素晴らしいと思いました。「気持ちが子どもに近い」のですね。教室の子どもが喜ぶものに，若い先生ほど敏感にそのたのしさを感じ取ってくれる気がします。

この日やった〈朝の連続小説〉の読み聞かせや〈人間トランプ〉。「そうだよ。これこそがオレの出番なのだ。〈たのしい授業〉をやるのがボクの一番の仕事なのだ」と思い，ボクも「元気はつらつ」になることができました。

「新人育成教員」の仕事は，「〈新人育成教員〉が必要でなくなる」ことが目標ということもできます。ですから，順調に行けば行くほどボクの存在価値が無くなって行くことになりますよね。そういう矛盾した仕事です。２学期から先は今日のように「自分の仕事を見失う」ことも多くなりそうです（ヒマが増えるのはうれしい気持ちもありますが）。そんなとき，〈子どもたちの笑顔〉＆〈新採の先生の笑顔〉を優先順位の一番にしてやっていくのがいいのかな，と考えはじめています。

そんなことを考えていたら，ボーッとしていた頭も少しずつ回転するようになってきました。

教師の指導力とは
● 〈指導力〉よりも大切なもの

授業を見てるともどかしい？

 9月10日（火）。となりのクラスのN子先生は9月から産休。代わりに大学出たばかりのH男先生が担任をすることになり，最初の1週間は引き継ぎ期間でした。N子先生は，新人の先生の授業にもどかしい思いをいだいているようです。「〈小川先生もきっと私と同じような気持ちで日ごろやってるんだな〉って思いました」と言われました。

 それに対してボクは「うーん，どうかな……。ボクはそんなに気にならないですね～。徳永さんが優秀なせいかな？」と言いました。

 でも，「新卒の先生のやることを教室で見ているともどかしい！ イライラする！」というのは，夏休みの「新人育成教員」の研修会でも，参加者の多くが言っていたことでした。

 正直，ボクも4月や5月は，そういう気持ちになることがけっこうありました。ボクの場合はイライラするというよりも「授業を見ていて飽きてくる」というのが本当のところです。でもそれは，新採の人にかぎらずベテランの研究授業なんかでもそうです。15分くらいするとソワソワしちゃってすぐに廊下に出たりしてしまいますね（笑）。

担任の〈責任〉って？

　今日は火曜日で，1時間目は算数です。算数は徳永さんにお任せして，ボクは視聴覚準備室にこもって，今，この文章を打っているところです。ここ数日，湿度の低い爽やかな日が続いています。窓の外からはセミに替わって虫の声が聞こえてくるようになりました。

　小学校の担任は，学校では子どもたちの保護者みたいなものです。だから，いつもクラスの子どもたちから離れられない習性があります。前にボクが初めて理科専科になったとき，「担任クラスがない」「集会のとき子どもたちから離れていていいんだ」ということがものすごく新鮮に思えました。今年のボクは「担任であって担任ではないような存在」ですが，久しぶりに「専科の気楽さ」をチョッピリ味わっているところです。

　本当は，担任もクラスの子どもたちのことで，もう少し気楽にやれるといいといつも思うのですが，実際なかなか難しいし，むしろ以前よりも「負わされる責任」が増えてきた気がします。担任の先生が「負わされる責任」の重さに押しつぶされないようにするには，どうしたらよいのでしょう？

　「ここは私の出番ですから喜んで責任持ってやりまーす」とか「これは一応やりますけどあまり責任が持てませんよ」というように，責任の序列をはっきりさせることが大切かもしれません。時には〈無責任〉も大切なのかも。そんなことをときどき考えています。

　考えてみると，こんなふうに「教室から逃げてパソコンを打っている」なんてとても無責任なのですが，ありがたいことに「無

責任です！」なんて今の学校では追及されないので助かります。最終的には「学級のことはすべて徳永さんが自立してやっていかなければならない」わけですから、その目標達成のためにあえてボクが〈無責任〉にやっている、と言うのはちょっと言い過ぎでしょうか。

「指導力」という言葉

「ベテランが新採の先生にイライラする」というのも、実感としてよくわかります。でも、「だからといって〈指導力〉を高めなければならない」と言われると、それは違うんじゃないかとボクは思っちゃいます。

一番大切なのは「教材」です。〈教材の大切さ〉に比べたら、〈教師の指導力〉は一段序列が低いとボクは考えています。だって今もボクだって「教科書をなんとなくこなそう」というふうにテキトーな授業をやると、子どもたちは話をよく聞いてくれません。「徳永さんが見てるのに恥ずかしいなー」と思いますが、もうダレダレな授業になっちゃいます。やっぱり大切なのは〈何をやるか〉です。

「指導力」って言葉、なんかボクは馴染めません（最近なんか「力」をつけた言葉が多すぎませんか？）。「教師の資質を高める」というのも似たような言葉です。子どもたちが喜ぶ教材を見つけたり、それを授業にかけてみる〈小さな勇気〉が、いちばん大切な〈資質〉なんじゃないでしょうか。

じゃ、「子どもへの伝え方」や「担任としてやるべき細かなあれこれ」がどうでもいいかというと、決してそんなことはあり

ません（そういう担任の仕事を明らかにしたいというのがこの「日記」のテーマですから）。

　でも、ボクはつい、自分が20代のときのことを思い出しちゃうんです。「ほんと、教師の仕事のことなんか、なんにも考えてなかったよなー」と。もちろん、その時どきは目の前のことを一生懸命やってたようにも思います。「正月はクラスの子どもたちを連れて高校サッカーを観に国立競技場行きたいな」「日曜はスケートに行こう」——そんなことばかり考えていましたね。

　「大事なことを考えていなかった」というのは、あとあと痛感することになりました。でも、それが基本ですよね。「自分のことなんだから、自分で分かんないとダメ」だと思うんです。みんなそうやって、なんとか教師続けて来たんじゃないのかな。

　ただ、今はなんか世の中も教員の世界も寛容じゃなくなって、「自分で本当に気づく」まで待ってくれない。ビシビシ保護者から攻撃され、同僚もそれを守ることができないことが多いようです。小さい子たちを受け持って平和にやれてるときはいいんだけども、やっぱりボクの経験から言って、高学年のシビアな子どもたちには〈教育の中身＝たのしい授業〉が決定的に重要です。本当の意味での打たれ強い〈資質〉を高めるには、〈たのしい授業〉をするしかない、とボクは考えています。

　当時の苦い思い出として、「相手が子どもだと思って、オレ、脅かしたりハッタリばかりかましてないか？」とよく思ってました。「子どもを黙らせる」のを「指導力」なんてカンチガイしてたこともあります。でも、子どもはそんなにバカじゃないし、「オレたちいつもたのしい授業が受けられて得しているよな」っ

てのがないと,いざというときに子どもたちが教師のほうに顔を向けてくれないのではないでしょうか。

　今日も,3年生は体育——運動会のダンスの練習が2時間もあります。練習の中心は新採の徳永さんです。体育館のステージでマイクを持って子どもを指導しています。子どもたちもイヤがらないで元気に練習してます。「エライな,新採なのに」とボクはひたすら感心しています。尊敬しています。ダンスに関してボクが徳永さんにアドバイスすることなんてひとつもありません（自慢じゃないけど36年間の現役時代にダンスの指導をやった回数はゼロです。組体操は2回ありますが）。

　学校中が朝から運動会の練習に明け暮れているのですが,ボクは時間を見つけては,視聴覚準備室で《もしも原子がみえたなら》という授業で使う「分子模型づくり」をやっています。ボクにとっても「これをぜひやりたい」と思える授業の準備です。ひとり,発泡スチロール球にペイントを塗っている時間……幸せです。

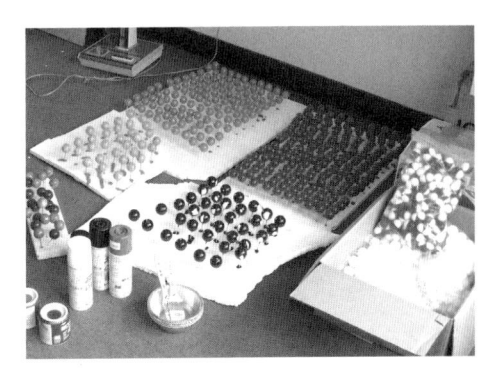

席替えにおける〈政治的配慮〉
●授業と席替えの無視できない関係

●席替え直後は落ち着かない

 9月10日（火）の3時間目。仮説実験授業《ものとその重さ》の時間。なんだか子どもたちがずっと騒々しい。元気がいいのはいつものことですが，ほかの子が意見を言いはじめてもガヤガヤしていて聞いてない子がいる。なんどか注意してたけど，ついにボクも切れる。

 オガワ「5秒でいいからだまってくれないと次に行けないんだよ。そういう話，4月に何度もしたよな！」

 やっと，教室がシーンとなる。怒鳴られないと静かにできないなんて情けない。今，小学校は運動会練習のまっただなか。校庭からはダンスの音楽やそれを指導する先生の声がひっきりなしに聞こえてくる。「落ち着いて授業に集中しろ」というほうが無理なのかもしれません。

 オガワ「ったく！ 朝から〈城山小音頭〉なんてやってっから，もうみんな頭の中，城山小音頭なんじゃないか？」

 グチとも説教ともつかないボクの言葉に，キョトーンとしている3年生たちでした。そして，「席替えしたことも関係あるのかな」とボクは思います。

 席替えの直後は，たいていクラスが落ち着かなくなります。

席替えにおける〈政治的配慮〉

ボクの席替えは，新学期は「背の順」。その後は，2ヵ月に一度くらい「くじびき」で席替えしています。「席替えのしかた」は，担任によってさまざまですね。「休んだ先生のクラスの自習監督」に行くたびに，そう思います。子どもの好きにさせているようなクラスもけっこうあります。

「席替えで気分転換」は子どもたちの楽しみのひとつですが，友だち同士が固まってしまうと，悪気がなくてもついオシャベリしてしまうのは大人も子どもも同じです。席替えが原因で，新たなトラブルが起こることもあるし，「話が聞けない。気持ちよく授業ができないクラス」になることもしばしばあります。

ボクも過去に，「席決めくらい子どもの好きにさせたい」と思って，子どもたちの希望通りの席にしたこともあります。でも，実験結果として，たいてい授業がやりにくくなります。席替えをちゃんと考えないと，「教師がたのしい授業の入り口でつまずく」ことになりがちなのです。「授業をちゃんとやりたい」と強く願う人にとって，席替えは軽視できない問題だと思います。

● 席替えにはどんなパターンがある？

では，席替えの仕方にはどんなパターンがあるでしょう？ ざっと整理してみると……

ア．自由……すべて子どもの自由，というやり方。しかし実際には，「まったくの自由」というクラスはほとんどないと思います。まず子ども同士モメて決まらなかったりします。以前，

理科専科のとき，そういう「自由に席を決めたクラス」で授業をしたことがありましたが，ウルサクて授業になりませんでした。また，過去に自分が持ったクラス（小5）でも，始業式が終わって教室に行ったら，男女が教室の左右にきれいに分かれて座っていてビックリしたことがあります。ホントに「自由」だと，こういう状態になるのかもしれませんね。

イ．**班長を決めて，班長が班員を選ぶ**……これをやっている先生はいると思います。でも，教室でオープンにしてこれをやると，最後のほうに残った子たちがとても惨めな思いをします。ですから，班長だけを集めて決めるやりかたもあります。しかし，人間関係が固定化された高学年だと，「班長が自分の友だちを集めてしまう」「友だち同士が固まってしまう」ことも多く，自由席とあまり変わらなくなったり，人数の関係で友だちグループから漏れた子がショックを受けることもあります。「子どもの自主性に任せる」つもりが，けっきょく担任が乗り出すことになりがちです。

ウ．**くじ引きやジャンケンで決める**……（ア）や（イ）でイヤな思いをした結果，くじ引きでやる担任が増えていきます。ボクも基本はくじ引きです。

エ．**最初から席は先生が決める**……「子どもからのブーイング」が多く，やっている先生は少ないと思います。楽しくはありませんが，悪い方法だとはボクは思いません。

オ．**背の順で並ぶ**……　1学期の始業式の日はこの機械的なやりかたでやります。教室の見た目がスッキリするので，ボクはわりと好きです。

●席替えにこだわるのは大人も同じ？

　よく子どもは「席替えしようよ」と言います。あんまりシツコイと，「なんだよ。席替えくらいしか楽しいことがないのか，君たちは？」と思います。でも，実は席替えが気になるのは子どもだけではありません。職員室の席替えは，4月の最初に一回だけやるのですが，だれと隣になるかドキドキすることがあります。よく見ると先生たちも，気の合う人同士で隣合っていたりします。

　「大人の席替え」で思い出すエピソードがあります。20年前にいた小学校は「ＰＴＡの日帰り旅行」というのがありました。バス2台を貸し切りにして，旅行に行くのです。ボクも参加したことがあります（その時は浅草に行きました）。

　ある年，役員のお母さんから「バスの席がいつも知り合い同士で固定されるから今年はクジビキにしましょう。そのほうがお互いの交流も進むし」という案が出て，そうすることに決まりました。すると，どうなったでしょう？　その年にかぎって「なかなか参加者が集まらない」のです。困ってしまって，「バスの席は例年通り自由」という風に変更したら申し込みが増えて，やっと旅行ができたのでした。

　かくいうボクも，所属するスキークラブの合宿のとき，食事の席で悩むことがあります。そういう意味では，「固定席」のほうが余計な気を使わなくて済むので，気が楽です。「席替えで人間関係に悩むぐらいなら，先生が決めてくれたほうがいい」と思う子もいることを忘れないようにしたいです。

●席替えにおける〈政治的配慮〉

　席替えをする時は,「席替え！　席替え！」という大きな声の陰で, 悩む子が出ないように教師が工夫したほうがいいです。それと, 席替えのあとで授業がやりにくくならないようにもしたいです。だから, どういうやりかたでやるにせよ,〈政治的配慮〉は絶対必要だとボクは思っています。たとえば……

・視力が弱く黒板の字が見にくいのに後ろの席になってしまう。
・前の子の頭がじゃまで黒板が見ずらい。
・話ができる親しい子が近くにいない。
・ニギヤカな子が固まってしまって授業がしずらい。
・乱暴な子や意地悪をする子が隣の席になった。
・学習作業がおそく隣の子の手助けが必要なのに助けてあげる子がいない。
・ケンカが多く気まずい子同士が隣の席になった。
・すぐに文句をいう子が最前列にいてやりずらい。

……以上のような状況になることは, なるべく避けたいと思っています。

　では, このなかで「優先して配慮すべきこと」はどれでしょうか？　同じことがらでも〈悩みの深さ〉はその子によってちがいますし, ケース・バイ・ケースなのでしょう。教師のボクも「よくしゃべる子」が苦手なこともあるし,「よくしゃべる子」を頼りにすることもあります。

　おとなしい子だと, その子の悩みが担任に伝わってこないこ

とがあります。だから、ボクが日ごろから気にしているような子に対しては、「話ができる親しい子が近くにいない」とか「乱暴や意地悪をする子が隣の席になる」というようなことがないように、優先的に配慮しています。そのためには、クジビキの結果をコッソリ書き換えてしまうこともあります。

　もちろん、席替えをしたら、「ニギヤカな子たちが固まってしまって授業がしずらい」というのも困りますし、「声がデカくてウルサイ子、文句ばかり言うような子、ちょっとボクがニガテなタイプがいつも目の前にいる」というのも、僕としては疲れます。こういうのもお互いにとって不幸なので、こっそり〈政治的配慮〉をしています（苦笑）。

●席替えのやりかた

　実際に、ボクがやっている席替えは次のようなやりかたです。基本は「クジビキ＋配慮」。ほとんど準備なしにできるのが特徴です。

①紙（A4かB4）を2枚用意する……ボクは男女が隣同士になるように男女別にクジを引きます。

②紙に縦線を「人数分プラス1本」引く。男子が16人だとしたら17本引く。線の下にバラバラに「1」から「16」までの数字を書く。あまった1本は「ハズレ」と書く。紙の下を折って数字を隠す。

↓じゃんけんで勝った順に好きな場所を選ぶ

③列同士でジャンケンをして，ジャンケンに勝った列の前から順番に，くじの好きな場所を選んでもらい，教師がどんどん名前を書いてゆく。

④わざわざ「ハズレ」を作るのは，くじを引くのが最後になった子にも「選ぶ楽しみ」が得られるようにするためです。「ハズレ」を引いた子は自動的にあまった番号に決まります。

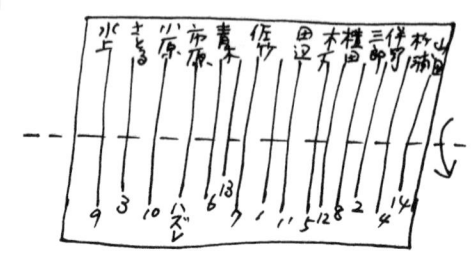

⑤ クジを引き終えたら「後で座席表を作って発表します」と言う。当然,「エ〜ッ！ 今発表してよ〜」と子どもには言われる。でも,「座席表を作るのは時間がかかるので時間がもったいない。視力や背の高さを考えて，少し調整してから発表します」と言う。

⑥空き時間に職員室で〈クジの結果〉を座席表に書き出してみる。だいたい〈配慮〉したい所が出てくるので，直す。この作業を放課後にやって翌日発表することもあります。

⑦高学年だと「クジの紙も見せて」と言われることがあるので，番号はエンピツで書き，〈配慮〉する時は消しゴムで消して訂正しておく。小さい子だと「見せて」とは言いません。

⑧教室で黒板に座席表を大きく書いて発表する。ただし，ボクは発表前に必ず「〈ヤッター〉と喜ぶのはオッケーだが，名前を発表したとき〈エ〜！〉というような，人を傷つけることを言う子が一人でもいたら，今回の席替えは中止する」ということ

を言っておきます。

⑨黒板の座席表を見て，全員いっしょに机とイスを移動させる。ボクは，給食や学習作業の班も，この席替えで自動的に決まるようにしています。

座席表

	先生	
女11 男10 女12 男11 女13 男12 女14 男13 女15 男14 （5班／6班）	女6 男5 女7 男6 女8 男7 女9 男8 女10 男9 （3班／4班）	女1 男1 女2 男2 女3 男3 女4 男4 女5 （1班／2班）

　ボクたちのクラスでも，2学期のはじめに徳永さんがこのやりかたで席替えをしました。その日の放課後の職員室では……。

　徳永「うーん，どうしようかな……。こことここが一緒だとウルサイし。マユミちゃんは少し元気になってもらいたいから，友だちの隣にしようかな。ウーン，むずかしいなぁ……」

　小川「どっかで妥協しないとしょうがないよね。本当はクジで神様が決めたことになってんだからさ」

　徳永先生はなかなか席を決めることができず，ずっと頭をひねっていました。

　「たかが席替え，されど席替え」――授業を大切にするなら席替えは軽視できないと思い，今回まとめてみました。人それぞれのやりかたがあると思うので，ぜひ意見をお聞かせください。

かまい・かまわれる関係
● 〈難しい子〉との温かい関係づくり

トラブルメーカー小林君

4月に3年2組を受け持ったばかりのころ、教室で「小林君ウルサイ!」「小林君ちゃんとして」という〈注意の声〉が飛びかうのにボクはビックリしました。そして、その小林君は毎日教室で泣いたりさけんだりしていました。

小林君は、ふだんは元気でニコニコしています。でも、ちょっとしたことですぐに友だちとケンカをはじめてしまいます。ケンカにならなくても、「先生○○君がボクの悪口ばかり言う」とすぐに言いつけにきます。ほんとうに毎日、このくりかえしでした。だから放課後の徳永さんとの打ち合わせでも、「もう、あの小林君のケンカにはまいりますね」「どうしたらいいんでしょう」と、2人で心配していました。

授業中、小林君は「先生、質問で〜す」といつも手をあげます。小林君は勉強は得意な子で、すごく高級な質問をしてくることもありました。でも授業からは横道にそれた質問も多く、質問そのものも長いので、クラスの子どもたちはついていけません。質問にイライラする子もいます。それにもめげず、「先生、しつもーん、しつもーん」と大声でくりかえす小林君。そこで小林君を指すと、「えっと……っとね。うーん……あのさー……」

何を言うか忘れてしまったようです。「もう！　君ひとりの授業じゃないんだからね！」と思うこともありました。

徳永「小林君は，どうしたらいいでしょうか？」

小川「うーん，どうしたらいいかねー」

どうしたらいいのか，ボクにもわかりません。こんなふうにけっこう担任を悩ませてくれる子のひとりでした。

でも，とりあえず授業中の「子どもたちによる小林君への注意」はやめてほしいと思います。

「あのね，注意するのは先生の仕事だから，君たちが大声で注意し合うのはやめましょう。そういうのは教室がギスギスしてボクは嫌いです」

「そうやって教室ですぐ他人のことを注意するのは，低学年のやることだよ。君たちまだ低学年なの？」

1学期の初めに，ボクはクラスの子たちに，こんなことを何度も何度も言っていました。でも，1年生からの習性なのでなかなか「注意の声」は止みません。

新居信正さんの思い出

話は変わりますが，仮説実験授業研究会の先輩に新居信正さん（故人）という徳島の小学校教師がいました。「歯に衣を着せない」というのは新居さんのような人のことを言うのだと思います。毒舌で有名でしたが，算数の大家で全国に熱烈な新居ファンがいました。

小林光子さん（横浜の元・小学校教師）から聞いた新居さんのエピソードに，こんなものがあります。

新居さんのクラスの男の子が何か先生に叱られるようなことをしたときのことです。もう授業は始まっている時間。新居さんはこう言いました。

「おい，お前。反省してるんやったら，これを着て，学校を回ってこい」

新居さんは，自分が着ていた，子どもにはダブダブのジャンパーを着せて，「学校中の廊下を歩いて来い」と言った，というのです。

こういうのは，一歩まちがえると保護者から抗議されるかもしれません。高学年の女子だと一発で「キモ！」ですね（笑）。もう口もきいてもらえなくなるでしょう。「子どもや保護者から信頼されている」という自信がないと出来ないことで，もちろん真似することをオススメしたりはしません。でも，子どもを廊下に立たせたり，すぐに「出て行け！」なんて怒る先生がいるなかで（ボクもよく言っちゃいますが），この新居さんのエピソードはなんか温かい感じがしませんか。

「先生の温もりの残るだぶだぶのジャンパーを着せられて，授業中の廊下を歩く男の子」を想像すると，どことなくユーモラスで笑ってしまいます（低学年の子だと，むしろ喜んでやりたがるかもしれませんね）。

かまい・かまわれる関係

小原茂巳さん（明星大）は「教師を困らせる子が毎年出てくるけど，教師がその子のことをオチョクルことができたり，〈しょうがないなー〉と，みんなで面白がれるといいんだよね」と言

います。

　新潟の方言で「かまう」という言葉があります。最近よく使われる「イジる」に似ています。「おちょくる」とか「ちょっかいを出す」というような意味です（ボクも子どものころ好きな女の子をよくかまって泣かせたりしてました）。

　〈その子との距離〉が近くないと，おたがいに〈かまう〉ことはできなくなります。叱ったり，腹を立てたりしていても，教師がその子を明るくおちょくったりできると，まだ〈最悪の関係〉ではない気がして，ボクはよくこの小原さんの言葉を思い出します。「教師は子どもから冷たいと思われないようにしたい」と小原さんは，よく言います。

　「みんなでその子の変な性格を面白がる」というのは，一歩間違うと「教師が率先してその子をイジメていた」ということになりかねないので注意が必要です。でも，お互いに〈かまい・かまわれる〉ぐらいの距離感は，決して悪いものではないと思います。

　〈かまい・かまわれる〉関係で思い出すのは，５・６年生のとき担任した保田早紀ちゃん（仮名）という女の子です。

　早紀ちゃんは，騒々しくて乱暴な子でした。男の子に文句を言って泣かしちゃうこともありました。そして，朝，いきなりボクの背中を後ろからバシーッとたたいてくるのが，彼女のアイサツでした。空手を習っている早紀ちゃんのパンチはもう痛いのなんのって……。ドクロマークのシャツを着て，上履きのかかとはいつもふんだままです。授業中は後ろの子とベチャベチャとオシャベリ。

心の中では「うるさいなー」「乱暴でいやだな」「ちゃんと上履きはけよ」「なんだあのドクロマークの服は」とか思います。でも、ボクは不思議と早紀ちゃんのことを嫌いになれません。家庭訪問で知ったのは、「お母さんにもうすぐ赤ちゃんが産まれるので、家ではいろいろとお母さんを助けている」ということ。早紀ちゃんには学校とはちがう顔があるみたいです。

早紀ちゃんからの手紙

　早紀ちゃんは「友だちにメールで嫌がらせをする」「家庭科専科の時間にアメをなめていた」と、いろいろ事件も起こすのですが、ボクはなぜか嫌いになれません。リアクションが大きくて面白いものだから、ボクはいつも早紀ちゃんのことをからかっていました。

　　小川「何、そのドクロの服、そういうの流行ってんの？」
　　早紀ちゃん「あのね、おじさんにはわかんないの。カッコ良さが」
　　早紀ちゃん「アタシ将来、女優になる」
　　小川「お笑い芸人ならなれるよ」
　　早紀ちゃん「るっせーな、ざけんなよー」
　　小川「お、そのツッコミ最高！」

　早紀ちゃんたちを担任していた6年生の1学期。それまでク

ラスの女子を仕切っていた菜津実ちゃんという子が，反対にみんなから嫌われ，孤立してしまったことがありました。7月の移動教室（日光への2泊3日）でも，グループ決めやバスの席決めで，菜津実ちゃんはひとりぼっちになって泣いていました。担任のボクは困ってしまいました。このままでは，菜津実ちゃんは「移動教室に行かない」と言うかもしれません。でも，今までの恨みが大きいせいか，なかなか菜津実ちゃんの味方になる子は出てきませんでした。

　ところが，このとき一番頼りになったのが早紀ちゃんだったのです。早紀ちゃんも菜津実ちゃんにはいつも仲間はずれにされたりしていました。それなのに，移動教室でもずっと菜津実ちゃんと一緒にいてくれたのです。ボクは早紀ちゃんにとても感謝しました。おかげで，だんだんと菜津実ちゃんもみんなと遊べるようになり，笑顔がもどってきたのでした。

　そんな早紀ちゃんが卒業する3月，ボクに以下のような手紙をくれました。

　小川先生へ
　2年間ありがとうございましたぁ。初めて男性の担任の先生でドキドキしました。五年生の時にワルイコトしてすみませんでした。でも「先生におこられておわりかー，　だるっっ」って思ってたけど，小川先生のおこりかたは優しくておこられてるのに得した気分になりました。授業でたのしかったのは「生類あわれみの令」です。4年生の担任の先生とはちがって頭にはいりやすかったです。先生はときどきおちょくるけど，今では

まぁいい思い出です。先生は今のままで十分……。むりにまじめになろーとか思わず、ラーメン屋のような担任をめざしてください。ほんとに心配してくれた時はうれしかった。工作、移動教室、DVD、パソコンなどなどしてるときはちょーたのしかった。てれくせーけど、今までありがとう。卒業してもがんばるよぉ〜〜。またあおーね。　　　　　　　（3月24日　保田早紀）
PS：将来……。じょゆうになってみせるから、おもいだしたらてがみください（笑）。おもいだしてね。忘れないでね。

いっしょに遊べるといいのかも
　早紀ちゃんは今はもう高校生。女優や芸人になったという話はまだ聞きませんが、元気でやってるようです。

　さて、話は現在の教室にもどります。
　帰りの会で「先生、質問〜」と大声で手をあげる小林君に、「小林君、質問はボクの説明が終わってからにしてよ」と担任の徳永さんが言っています。こういうのは大事だと思うんですよね。みんな早く帰りたいんだから。「教室のみんながイライラしないように、担任が仕向ける」ってことだと思います。最近気がついたら、子どもたちからの「小林君への注意」もずいぶん少なくなりました。
　「小林君うるさいよ」とか、すごい偏食の小林君に対して、「そんなんじゃ地球上に食べるものが無いんじゃないの？」とか、わりとボクは小林君のことをこちらからカマっていますね。もちろん、すぐに小林くんは「ムッ」とするわけだけど。

でも，小林君はいつもボクのところにきて，「ね，あの〈消えるトランプの箱〉見せて〜」「〈開かない箱〉の手品，ボク開けられるよ」と，手品道具を見たがります。ボクはその日の気分で見せてあげたり，見せてあげなかったりします。

ある日，「小林君，このコマ回せる？」と，最近買ったジャイロゴマ（「スピンジャイロ」，仮説社で販売）を見せます。回し方を教えて二人で遊んでると，他の子たちも集まってきます。みんながコマをやりはじめると「早くボクにかしてよ〜」と泣く小林君。あーあ，ケンカです。

小川「だめじゃないか。オレと小林君が遊んでたのに。ね，小林君」

涙をすする小林君。泣かしちゃったのはボクにも責任があります。でも，次の日「先生，コマ貸して〜」とニコニコ顔で小林君が来ます。小林君と他の子どもたちのケンカについては，カンペキな「解決法」はなかなかみつかりません。毎日，教師は悩まされます。でも，こんなふうに，いっしょに遊べるような関係があると，おたがい少し気が楽になるのかなー，と思いますね。

運動会…その後に
●運動会後は子どもが荒れる？

徳永さん大活躍！

10月3日（木）。

やっとやっとやっと，運動会が終わりました。ボクは運動会そのものは子どものときから好きです。校庭に引かれた真っ白なコースを見るとチョッピリ胸がときめきます。でも，「ダンスの練習」がとてもニガテでした。自慢じゃないけど小学校教師36年間のあいだ，ダンスの指導をしたことは一度もありません。

ところが，今の3年生の学年は9月からN子先生が産休なので，なんと「ダンスの指導」を新卒の徳永さんがやることになったのです。そのため徳永さんは夏休みから「エイサー」（沖縄の踊り）の練習にとりくんでいました。そして，9月になると毎回マイクを持って子どもたちにエイサーを教えました。

ダンスが苦手なボクに，徳永さんにアドバイスすることなんかひとつもありません。ひたすら「エライよなー」と感心するだけでした。ボクが手伝ったのは「太鼓づくり」でダンボールを切ったことくらいです。

　一生懸命練習したかいがあって，本番で3年生の子どもたちは精いっぱいの力を出して踊っていました。本番終了後，「うーん，どうでしたかねー」と首をかしげる徳永さん。

　ボク「いやー，とても良かったよ。子どもたちがとにかく一生懸命やってたもん。エイサーは単調で後半ダレることがあるけど，今年は最後までよく集中してたよね。ちょっとボクも感動しましたよ」

　そんな会話を交わしました。

　ボク自身が苦手な分野って，ぜんぜんアドバイスとかできないのですが，新人の先生に大切なのは「モチベーションを上げること」だと思うのです。

　「教師の仕事に自信を持つ」というのはなかなかむずかしいことですが，日々の仕事や授業のひとつひとつを通して「モチベーション（意欲・やる気）を高めて行くこと」は可能だし，そのためにボクの仕事があるように最近感じています。若い先生は体力もあるし，徳永さんも初めての運動会をとてもたのしく終えることができたようです。

運動会後に子どもが荒れる？

　10月4日（金）。

　毎月3日に，『たのしい授業』という教育雑誌が仮説社から発

売されます。もちろん Amazon などでも買えます。今月号（出版界の常識に異を唱え，10月号が10月に出る）をパラパラめくると，兵庫県の小学校の先生，東垣淳さんの「おじさんの知恵袋」という連載記事が目に止まります。今月は「運動会…その後に」というタイムリーな話でした。

　東垣さんによると「小学校では〈運動会が終わる頃，子どもたち，特に高学年の様子がおかしくなる〉という法則がある」というのです。記事ではその例として

・先生に対して急に反抗的な態度を取るようになる。
・友達にちょっかいをだす子が増え，あちこちでトラブルが起こる。
・学習や行事に意欲を出さない。

などが出てきます。言われてみると，ボクもいろいろ心当たりがあります。東垣さんによると，こういうときに職員室では次のような話になることがとても多いのだそうです。

　「運動会という大きな目標がなくなったので，子どもたちの落ち着きがなくなってきているのでは」
　「気持ちを引き締めるような指導を」
　「さらに次の行事を目標にして」

　これも，ボクはすごく心当たりがあります。若いときのボクは上のように子どもにいつもハッパをかけていた時期もあるん

です。でもその結果は……？　東垣さんの文章は続きます。

> 　ところが，「次の目標にむけて」「まだ今年は半分過ぎたところだ」「ここで気を引き締めて」と，運動会に続いて強引に頑張らせてしまう先生も多いようです。そうなると，先生も疲れてきて，思わぬミスをしがちです。
> 　運動会の練習のときのように〈教師の迫力〉だけでもたそうとしても無理です。破綻した例は山ほどあります。〈力づく〉ではとてもじゃないですが，３月まではもちません。教師の側も，ここで一度クールダウンして，客観的に自分がやってきたことを見つめ直していくべきでしょう。
> (東垣淳「運動会…その後に――おじさんの知恵袋6」『たのしい授業』2013年10月号より)

　昔，自分が担任してた6年生のクラスもそうでしたし，たしかにこの時期あたりから「破綻した例」を今までたくさん見聞きしてきました。

思春期の子どもたちとの付き合い方

　運動会が1学期の学校の場合でも，「5年生の子どもたちの様子がおかしくなり始めた」と担任が感じ始めるのがたしかにこのころ（9月末〜10月頭）です。ボクの経験上。「4月はあんなにかわいかったのに……」と必ず思いますね（涙）。

　高学年では，特に女の子たちの変貌ぶりが激しいのです。「授業中，手を挙げなくなる」「友だちに過度にこだわり，何でも友

だちと行動を共にしたがる」「平気で学校のきまりを破る」「音楽の練習で歌を歌いたがらない」「少人数でヒソヒソやる子がめだつ」「学習に意欲を示さない」等々。

何度か高学年を担任すると、「こういうのは〈思春期〉特有の行動パターンなのだ」ということに気付くことでしょう。担任もある程度〈慣れ〉が必要なのかもしれません（でも上手く行かなくて「高学年は二度とやりたくない」という声もよく聞きます）。

こういう子どもたちに向かって「熱く語る」「力づくで指導する」だけだと，たいてい失敗します。東垣さんが言う「運動会後の子どもたちに向かうこと」って，〈思春期の高学年の子たちとの付き合い方〉に通じるところがあると思いました。

冷静に子どもたちの気持ちに沿って担任ができるといいのですが，いろいろトラブルが頻発したりすると，それもなかなか難しいときがありますよね。で，ポイントはやっぱり「〈たのしい授業〉を続けること」だとボクは思います。「反応の悪さにめげないで，〈たのしい授業〉を出し続けること」が，あとあと漢方薬のように効いてきます。

ボクの経験上，普段から高学年の子どもたちと，めげずに，明るく付き合うことができていると，いつのまにか６年生たちはとても穏やかに変わっていたりします。これが〈成長〉というものなのでしょう。そうなると，「ああ，高学年の担任で良かった」と思えます。

残念ながら，「運動会後の半年が地獄だった」というようなヒサンな例もまた，たくさん見聞きしてきました。「思春期の子どもたちへの対処法」に〈特効薬〉はありませんが，「たのしい授

業」というタネを蒔いておくと，最後には芽が出て花が咲くんじゃないかと思います。

●ゆったりと楽しい時間を共有したい

　話が「運動会後の落ち着かない学校」のことからそれてしまいました。高学年のことを書いてきましたが，低学年は低学年で，運動会が終わっても，廊下が〈運動会〉状態のことも。きのう3日（木）は，「怪我をした」と保健室に来る子が2学期になって最多だったそうです。

　ではどうしたらよいか？　東垣さんは言います。

> 　先生も子どもも，このあたりで少し休憩してはどうでしょうか。
> 　具体的には，クラスでお楽しみ会をしたり，ものづくりや調理実習をしたりと，何かたのしい時間を過ごすといいと思います。すると，担任としてさらに笑顔で子どもたちに接することができるはずです。

　行事からはなれて，担任の先生と子どもたちで，ゆったりとたのしい時間が過ごせるといいですよね。

よみかた授業を考える
● 「音読」を大切にする国語の授業

「気付け，気付け」の国語の授業？

10月9日（水）。

今，国語は，文学教材「わすれられないおくりもの」を徳永さんにぜんぶ任せてやってもらっています。

徳永「国語の授業ってむずかしいですね。だいたい〈1時間こうやろう〉と思ってたことが半分もできなかった……」

小川「〈ベテラン〉と呼ばれる人でも，けっこう，そうみたいだね。ボクなんかも終わらないし，研究授業でもその通りいった試しがないですね」

徳永「指導計画が甘いんですかね」。

小川「うーん，そんなに〈教師が期待している反応〉が子どもからスッと出てこないってのもあるだろうね」

徳永「なんか思うように授業が進まなくて……」

小川「あ，でも，今日の授業で〈アナグマの○×クイズ〉をやってたじゃない。あれは子どもたちみんな嬉しそうに手をあげてたよね」

徳永「うーん，そうでしたかね」

小川「ああいうのは授業にメリハリが出来るし，いいと思いましたよ。だいたい国語の研究授業とかだと，ジトーッと重たー

い雰囲気のまま進んで行く授業が多いと思うんですよね。〈他の人が気付かないことに気付いた人がエライ〉〈もっと気付け，もっと気付け！〉みたいな？　大多数の子はボーッとしてたりする。で，なかなか手が挙がらないと，先生がヒントを出して誘導しちゃう。あ，オレも正直そういう授業いっぱいやってましたね，授業参観とかでも。〈考えましょう，考えましょう〉ってずっとやってくと，けっきょく〈子どもの活動（＝作業）が無い授業〉になっちゃうんだよね」

　徳永「でも，そういうのどうしたらいいんでしょう。どうしたら子どもに本当に考えさせることができるんでしょう？」

　小川「そういう〈読解〉のやりかたも一緒に考えたいんだけど，それ以前に〈子どもの活動〉を意識して入れて行くのが大事かも。例えば，オレが今日見てて〈あぁー〉と思ったのは，〈教科書を読む場面〉が一度もなかったでしょ」

　徳永「そうでしたね。もっと読ませたほうがいいんでしょうか」

　小川「ボクのクセかもしれないけど，最初と最後は音読で締める，みたいな」

　徳永「音読はだれが読むんですか？」

　小川「だれが読んでもいいんだよ。先生が読んでもいいし。３年生くらいになると多いのは，一人の子が音読して，他の子は文章を目で追うパターンかな。少しずつ交代で読むとか。全文読んでもいいし，時間がないときは，ひとつの章だけでもいいよね。なんかオレはガサゴソガサゴソ授業が始まるのがイヤなんだよね。音読だと全員集中するじゃないですか」

　徳永「わかりました。こんどやってみます」

ひと仕事おわったら音読

　小川「山本正次先生（大阪・故人）は〈ひと仕事終わったら音読〉って言っていたんだけど，これも覚えておくといいかも。例えば，〈アナグマのおじいさんの性格〉みたいなことが〈○×クイズ〉で少し分かってきたわけだよね。そしたら，それを各人でイメージしながらその章を音読して，次の課題に移るといいよね」

　徳永「そうか。気がつかなかったなー」

　小川「そういうときは先生がサッと読んでもいいし，読みたい子に手を挙げさせて一人の子に全部読んでもらってもいいんだよ。そういうのは子どもがすごく張り切るよね」

　小川「授業の最後も音読で締めるのがいいんだよ。最後の〈まとめ〉って上手くいかないと思わない？」

　徳永「そうですね。もうチャイムが鳴っていたり，子どもたちは休み時間のことを考えてますもんね」

　小川「徳永さんが一生懸命〈まとめ〉をしゃべってるのに，子どもは，もうガサゴソ机のうえ片づけてたり。ホント，無礼者が多いよね（笑）。でもそれはある意味仕方ないことだから，そういう時に最後を音読で締めると，〈締まった〉っていう感じになるんだよね」

　小川「ちょっとオレ，〈本当に音読だけの授業〉っていうのを考えてて，今度やらせてください」

　徳永「よろしくおねがいします」。

　小川「いや，そんな，全然たいしたことないんだけどさ（照れ笑い）。だって〈読むだけ〉なんだからさ」

読むことを軸にした授業

　今日は「もっと音読(文章を声に出して読む)を授業に入れるとよい」というアドバイスを徳永さんにしてみました。でも，山本正次さんという先生は，「読解に音読を入れる」よりももう一歩進んで，「音読を中心」に──「音読を軸にしたよみかた授業」を提唱していました。たとえば，「ひと仕事終えたら読む」だけでなく，「毎時間かならず全文読み通す」と言うのです。

　たとえば，「ごんぎつね」という長いお話があります。それを毎時間必ず全文通読するのです。山本さんはこんな風に言っています。

> 　私がゆっくり声を出して16分で読めるんです。でも，一番はじめは子どももすらすら読めない。つまずく子もあるだろうし。かりに30分かかったとしましょう。そしたら残ってる15分でやれること(読解など)だけをやればいいんです。でも，毎時間やっていると，その30分が必ず短くなって行く。4年生のクラスでストップウオッチで計ったらだいたい16分か17分でした。これは，なかなかやってもらえないんですが，だまされたと思ってやってみませんか。
>
> 　　　　　　　　　　(山本正次『よみかた授業プラン集』仮説社)

「だまされたと思って」，ボクもそれをやろうとしたことがあります。去年，4年の担任で教科書に「ごんぎつね」が出てきたときにやろうとしました。でも，ボクは3時間くらいでザセツしちゃいました(涙)。なかなか，「本当に毎時間」というの

は難しいと思います。言いわけしちゃうと……，そのときは国語の時間のはじめに「連続小説（毎日続ける本の読み聞かせ，『朝の連続小説』仮説社，参照）」をやったり，漢字の書き取りや「漢字マッキーノ（ビンゴ）」をしてから教科書に入っていました。すると，「始める時点であと25分しかない」ということになります。そこで「今日はどうしても第3章の読解をやりたい」なんて思うと，もう通読はできなくなってしまうんですね。

「ひとつの文学教材を10時間以上かけてじっくりやる」と思っていると，疲れてしまって〈毎時間通読〉ができないような気がします。「5時間くらいで終わる」つもりで気楽にやるほうが，かえって通読もしやすいかもしれませんね。

「すらすら読める」とはどういうことか？

去年のボクは「毎時間通読しなきゃ」と脅迫観念にかられていた結果，早々にザセツしてしまいました。「通読したほうが子どもたちとたのしく授業が進められる」「子どもたちも得する」という実感が得られないと「全文通読」は続かない気がします。だからと言って，「1時間中，えんえんと読みとりの話し合いが続く授業」（今でも研究授業でよく見せられます）もどうかと思います。「実生活で本を読むときに，学校の〈文学作品の読解〉みたいなものがどの程度役にたつのかな？」といつも疑問に思います。「普通に文章を読む」ためには何が必要なのでしょうか。

先日，「おおかみ」（谷川俊太郎）という詩を探していたら，ぐうぜん村上道子さん（千葉・小学校）の次のような文章が目にとまりました。

「国語で身につけたいもっとも基本的なことは何か」と問われたら、私はためらうことなく「日本語の文章をすらすら読めるようにすること」と答えるでしょう。ここで「すらすら読める」というのは、同じ文章を何回も練習してすらすら読めるようにすることではなくて、「初めて見る文章（年齢相応の文章）をその場ですらすら読めるようにする」ということです。このことを私は、「初見で読める」と名づけています。これは、音楽の世界で、初めて見る楽譜をすぐに演奏できることを「初見で演奏する」ということになぞらえて名づけたものです。

　私たちはおとなになれば、だいたいだれでも新聞や雑誌、本などを〈初見〉で読み、およその内容をつかむ、という読み方をしています。必要に応じて同じ文章を何回か読んだり、ざっと斜めに読んだりするわけですが、基本的には「初めて出会った文章をさーっと読み、内容がわかれば終わり」という読み方です。子どもたちにこのような読み方を身につけさせたい、というのが私のねらいなのです。（村上道子「〈すらすら読める〉とはどういうことか」『たのしい授業プラン国語3』仮説社）

「国語教育の目的って何なんだろう？」という疑問を解くのにピッタリな文章だとボクは思いました。でも、「初めて出会った文章をすらすら読む」というのは、子どもにとってはけっこうなハードルです。すごく個人差がありますよね。知らない漢字や意味のわからない言葉があるのも原因でしょう。

「でも，もっと大きな要因がある」と村上さんは書いています。村上さんが担任する5年生の子で「〈漢字〉よりも〈ひらがな〉の部分が上手く読めない子がいる」という例を出して説明しています。「わたしたち大人でも，意外にひらがなが続くところですらすら読めなくなってしまうことが多い」「私たちは，ひらがなの連なりを，まとまりのある〈ことば〉として認識し，区切り目をつけながら読んでいる」というのです。

ためしに，右の「国語辞典の文章」を読んでみましょう。ひらがなが続くところはとても読みにくいですよね。

そのために，村上さんは授業のあらゆるところで，〈初めて見る文章〉を読む練習をしていると書いています。漢字ドリルも先ず〈読む〉ことをしっかりやる。辞書を引いたらその文を必ず声をだして読む。国語だけでなく社会や理科の教科書も授業のさいしょにみんなで読むのだそうです。こういう日々の積み重ねで「たしかに音読が上達する」と村上さんは言います。

> うえ〔飢え〕①食べ物がたりなくてはらがすいていること。②ものがたりなくてひじょうにほしがること。

音読のやりかた，いろいろ

「ところで〈音読〉ってどんなふうに子どもに読ませたらいいんでしょう？」と徳永さんから聞かれました。ボクも新卒のころ，それがよく分かりませんでした。〈音読〉というのは〈黙読〉に対する言葉ですが，授業の中ではいろんなやり方があります。山本正次さんが〈音読の種類〉を書いているので，それを参考

にまとめてみました。

①一斉読み・斉読……「セーノ」でみんなで同時に読む読み方。低学年で多いやり方です。みんなで速さをそろえるのに苦労することがある。

②まね読み……山本さんが名づけた読み方。先生が読んだ通りに子どもがまねをする。１文ずつ，あるいは文を短く区切って読み進める。難解な文章では高学年でもボクはよく使っていました。

③かわりばんこ読み……先生と生徒。あるいは，列ごとに交代しながら文を読み進めるやり方。教室の左半分と右半分で分かれることもある。

④マル読み……文章の句点（。）で交代しながら読む。列の前から順にひとりずつ「マル読み」をさせることがボクは多い。ときどき，会話文で「はい。」というふうにすぐマルが出てきて笑いがおこることも。

⑤テン・マル読み……最近，『たのしい授業』に愛知の伊藤正道さんが紹介して多くの人がやり始めた読み方。「かわりばんこ読み」を読点（，）や句点（。）で，どんどん交代して行くもの。最初は，「先生」対「子どもたち全員」で始めるとよい。慣れてきたら，４〜６人のグループ（班）ごとに，「時計回りでひとりずつ読む」という〈まわし読み〉をやることも。（伊藤正道「たのしくって，つい勉強しちゃう国語の授業〈３つのメニュー〉で子どもたちとたのしく」『読み書き・計算・原子・模型』仮説社）

⑥範読……先生がひとりで音読をする。

⑦交代で読む……特に決まった呼び名はないのですが一番多い読み方。生徒を指命したり，席の順番に1段落，あるいは数行ずつ交代で読み進める。ボクは教科書のひとつの教材（単元）の終わりに，教室の前にひとりずつ出てきて黒板を背にして1ページずつ読ませることがある（そのときに「すらすら読めるか」をコッソリ記録して通知表の「音読」の成績の元にしています）。

⑧ばらばら読み……ひとりひとりが声を出して自分のスピードで音読する。高学年だとサボる子がいたり，低学年だと各自が声を張り上げるのでものすごい音量になりますよね。これを「斉読」と指導案に書く先生もいます。

⑨まわし読み……班の中で時計回りでたとえば1段落ずつ交代して音読する。⑧にくらべて，ちゃんと読めているか分かりやすいし，班の子たちで教え合うこともできるので，良いやりかただとボクも思っています。この「班ごとのまわし読みから毎時間，授業に入る」という元同僚の先生がいました。

以上，1987年11月の山本正次さんの講演「国語の授業，大事なこと」（ガリ本『国語教育の道しるべ』伊藤幸治・編）を参考にまとめてみました。他にも，「登場人物の会話」だけを交代に読む，とか，いろいろなやり方がありますね。

みんなで元気に怒られようよ
●小言，頭の上を行く

悪さした子が複数だと安心 ?!

　朝，徳永さんが話しかけてきます。

　徳永「きのう小川先生お休みだったんですけど，事件がありまして。朝，4人くらいの男の子のイスにチョークでバカとか書いてあったんです。で，やった子はすぐわかったんですが，亜美ちゃんと結菜ちゃんと咲希ちゃんの3人が放課後やってたらしいんです」

　小川「そうですか，それはそれは……。でも，やった子が複数だとなんとなくホッとしますね。一人の子がクラーくやってたら心配ですよね」

　徳永「そういわれればそうですね」

　小川「ボクは高学年持ってたとき，クラスの子どもには〈おこられるときはみんなでおこられるほうがいいよ〉といつも言ってたんですよ」

　もちろん，叱られるようなことはしないほうが良いのだけれど，でも，同じ悪事でも「ひとりでやる」のと「大ぜいでやる」のとでは意味がちがう気がします。普通，大勢でやられると担任はすごくアセりますよね。でも，あとで思い返すと，少なくとも「悪いことをした子どもたち」同士のあいだに友情は存在

していて，そのことでずいぶんボクは気が楽になった記憶があります。次に紹介するのは4年前に6年生の担任をしていたときのエピソードです。

小言，頭の上を行く——6年1組の子どもたちとの日々

ある金曜日のこと。次の日に予定されていた運動会がインフルエンザのせいで延期になり，子どもたちも先生たちもなんだか気がぬけた気分でした。4時間目は図工だったのですが，給食の時間が始まっても子どもたちが図工室（専科のK子先生の授業）から帰ってきません。しばらくして，「もう，やだ！」と怒った様子でユカちゃんたち女の子が数人帰ってきます。

それからしばらくして，「小川先生！」とK子先生がクラスの男女6人を連れてやってきました。イヤな予感……。そして案の定，廊下でK子先生のお説教が始まりました。どうやら図工の時間に，調べ物で図書室に行った子たちが図書室で騒いでいて，用務員さんに叱られたようです。問題は，叱られたときの態度で，ずっとニヤニヤしてたり，図工室に帰ってからも叱られたことを面白おかしくほかの子たちに語っていたというのです。

給食の時間になってずいぶん経っていたので，担任のボクが「5時間目にクラスで話し合いますから」と言ってK子先生には引き取ってもらいました。

「騒いでいた子たちを用務員さんのところに謝りに行かせようか」と思いましたが，少し大げさな気もします。そこでとりあえず，ボクは用務員さんのところに様子を聞きに行くことにし

ました。図書室のとなりに用務員さんの作業室があるのです。

「まったくさ，こっちが真剣に怒ってんのに関係ねーやつが柱のかげから顔出してて，それみてみんなニヤニヤしてんだよ」と用務員さん。ぼくは用務員さんに謝って，「よく注意しておきますから」と言ってもどりました。教室にもどってもボクは，子どもたちのことでずっと腹を立てていました（以下，心の声）。

「なんで怒られてるときにニヤニヤするんだ！　だからお説教が長引くんじゃないか」

「ったく，6年生にもなって〈叱られ方〉まで教えてあげなきゃいけないのか?!」

「ニヤニヤしていいときと悪い時があるんだ。そんなこともわからないのか?!」

「オレが怒ってるときにはニヤニヤしたりしないのに……女の先生だと態度が変わるんだよな。そんな，人によって態度をコロコロ変えるような人間は，将来も信用されないんじゃないか?!」

「よし，たまには帰りにバシッとお説教しよう。〈信用〉ということを教えなくちゃ」

実はこの日，次の日の運動会が延期になって，インフルエンザで学級閉鎖のクラスも出てきたので，全てのクラスを4時間だけで下校させることになっていました。でも……

小川「何やってんだ，お前たちは。6の1だけ5時間目授業やるぞ」

子どもたち「え～！！」

ボクはもともと5時間目全部を使って話し合いをする気など

なかったのです。子どもを脅すつもりでわざと大げさにそう言ったのでした（それが、のちのち困ることになるのですが……）。

　給食が終わって、他のクラスは下校し始めます。ボクは本気で腹を立てていたので、そのままの勢いでお説教を始めました。シーンとなった教室。

　小川「図書室でさわいでいて怒られたのはしょうがない。問題はそのあとだ……」

　すると、教室に図工のK子先生が現れました。これは想定外です。ボクはとてもあせりました（「話し合いをする」と言ったのが、K子先生の耳にも入ったのでしょう）。仕方ないので最初にK子先生に話をしてもらうことにしました。

　K子先生「だいたいあなたがたは人が真剣に叱ってるのに反省するということを知らない……」

　「図工の時間、まじめにやってる人もいるけど、忘れ物も多いし、人の話を聞いてない」

　「このクラスはちゃんと注意してくれる人はいないんですか？」

　K子先生のお説教は続きます……。

　ボクは、「まいったなー」「早く終わってくんないかなー」「え？　図工の授業のことまで言うの？　それは教師の教え方の問題もあるんじゃないの？」などと思い始めました。

　K子先生の話が一区切りしたところで、「じゃあとはボクが話をしておきますから」と言って、K子先生には引き取ってもらいました。

　シーンとなっている子どもたち。

小川「さっきさ，用務員さんに聞いて来たんだけど，怒られてるときに柱のかげから顔を出したり引っ込めたりしてふざけてるやつがいたんだって？　だれ？」

子どもたち「淳，おまえだろ？」

小川「淳君，反省しろよ」（顔を赤くしてうなずく淳君）

もともとは子どもたちに腹を立てていて，キビシくビシッとお説教するつもりだったのですが，図工の先生の出現で気をそがれたというか，急に面倒くさくなってきました。〈ほかの先生が叱ったときに自分は追い打ちをかけない〉というのも大切かもしれません。そういうことをすると，かえって逆効果になることが多いからです。

結局ボクはそれ以上のお説教はやめて，子どもたちには帰りのしたくをさせました。子どもたちもホッとした様子で，急にガヤガヤし始めます。ボクは黒板にマンガを描き始めました。そして，こんな話をしました。

小川「俺，中学の時ブラスバンド部だったんだけど，しょっちゅう先輩に怒られてたんだよ。じゃあ問題，先輩にいつも何と言われていたでしょう。この会話を当てたら帰っていいことにしよう」

手があがります。
　子どもたち「ちゃんとやれ」
　子どもたち「まじめにやらないとだめだぞ」
　小川「ブブーッ，ちがいます。ヒント，〈○○○○するな〉です」
　里佳ちゃん「ニヤニヤするな」
　小川「正解です！」（笑）。
　小川「あのね，ボクも中１のときにしょっちゅうニヤニヤするなって怒られてたの，３年の先輩に」
　小川「先輩が恐いはずなんだけど……なんか，怒られてるときってクスクス笑いたくなるんだよ。いっしょに怒られてる友だちと目が合うともうダメ，笑いががまんできなくなる」
　健司くん「そう，淳もそうだよな，いつも」
　だれか「健司だってそうだよ」
　小川「怒ってる先輩の顔が急に変な顔に見えたりもするんだよ。鼻毛が見えたりさ」（笑）
　小川「だからそういうときはさ，舌をかんで笑うのガマンしなさい。飼ってたハムスターが死んだことを思い出すとか，行方不明のカメのこと考えるとかして，ニヤニヤしないようにしなきゃだめだよ。わかった？」
　子どもたち「ハーイ。わかった～」
　ビシッとお説教するつもりが，笑いをさそうような話をしてこの日はサヨナラをしました（ま，このほうがボクらしいか……）。
　このあとも子どもたちには「ほら，ニヤニヤするな」と何度も言っています。「叱られ方」まで教えなきゃならないとは困っ

たものです。映画製作者の牧衷さんが言ってた言葉を思い出します。

牧さん曰く,「小言いわれりゃ頭が下がる。小言,頭の上を行く」——そういう言葉があって,これが〈処世術〉として大切なんだそうです。「つまんないことでグジャグジャ言われたときは,〈そうですか,すみません〉と頭を下げていると,すぐにお説教も終わるものだよ」ということです。

こんなことで子どもたちをお説教したりする日々。陰険なイジメとかのことじゃないから,ま,平和といえば平和です。その後,図工の先生や用務員さんから同じ類いの苦情は来てないので,少しは子どもたちにわかってもらえたのでしょうか。

＊＊＊＊＊＊＊＊＊＊＊＊＊＊＊＊＊＊＊＊＊＊＊＊＊

4年前の出来事ですが,こういう何気ないエピソードを読んだり書いたりしていると,「小学校教師やってるなー」という気がして,ボクはとても好きです。

覚えておくと役に立つ？「2割以上の法則」

11月11日（月）。

月曜日の朝です。3年2組では宿題を忘れた子が13人（29人中）もいるというので,担任の徳永先生が激怒しています。

「忘れた人は中休みにやって,ひとりずつ見せにきなさい！ちゃんとまじめにやっている人もたくさんいるのに,何かんがえてんの‼」

宿題を３～４人の子が忘れるのはいつものことです。でも，大ぜいの子が忘れると担任は頭に血が上ります。その気持ちはボクにもよ～くわかります。でも，いつのころからか「２割以上の子が忘れるにはそれなりに理由があるはず」とボクは考えるようになりました。

　たとえば今回の場合，金曜日は社会科見学（遠足）でした。バスから降りて外でサヨナラをしました。「ラッキー，今日は宿題なし！」と思う子が大勢いてもしかたがないですよね。それが，宿題を忘れた人が大量に発生した原因かも知れません。

　忘れ物なんかでも，「７～８人以上忘れたらそれはこちらの連絡の仕方が悪いか，子どもが何かカンチガイしている」と思ってまちがいありません。

　「２割」というと今の29人のクラスでは６人ですが，６人ぐらいは珍しくないので，「７～８人以上」とか。本当は「２～３割以上……」ということなのですが，覚えやすいので「忘れ物２割以上の法則」とボクは名づけています。

　これは忘れものにかぎらず，学校のいろんなことに当てはまります。たとえば，７～８人の子が朝自習サボってたとしたら，「朝自習のやりかたに無理がある」のかもしれません。また，朝の集会に６～７人ゾロゾロおくれて来た場合……訳を聞いてみると，前日「明日は集会はない」と担任の自分が言ってたりします。

　いかがでしょう，「２割（３割？）以上の法則」。覚えておくと役に立つかもしれませんよ。

フツーの子どもの素敵が見える
●元気な祐輔君と原子の絵

反応のない子に悩む？

　仮説社から出た『たのしい教師生活のすすめ』という本に，小原茂巳さん（明星大）の「〈たのしい教師生活〉のためのQ＆A」という記事が載っています。「実際に寄せられた，先生たちの悩みに対して小原さんが答える」というもので，その1番目は「反応の無い子とどうつきあうか？」という悩みでした。

Q1．反応が苦手というか，反応をつかみにくい子っていますよね。勉強は普通，生活面でも普通。手も挙げない，感想文も「おもしろかった」「特にない」って子。「所見」を書くときにいつもペンが止まる子。可もなし不可もなし。小原さんならどうやってつきあいますか。

　これはなかなか興味深い質問です。「小原さんの〈回答〉を読む前に，自分でも考えてみたいなー」と，ボクは思いました。
　「反応がつかみにくいって言ったって，特に問題を起こしているわけでもないし，いいじゃん，別に」とも思いますが，でもこの悩んでる先生の気持ちもよくわかります。
　「うん，クラスにいるよなー，こういうタイプの子が」

「ふだん目立たないだけに，ときどきクローズアップされたとき，すごく担任は気になるんだよなー」

ボクにもそういう覚えが数々あります。

「反応をつかみにくい子」って，時には教師にとってすごーくブキミに感じられるんですね。

先生を転ばそうとした!?

「反応がつかみにくい子とのつきあい方」というテーマと合っているかわかりませんが，最近，こんな事件がありました。クラスに祐輔君という男の子がいます。元気いっぱいな少年です。クラスでいちばん足が速く，ときどき教室で「うるせえよ！」なんて大声でいばることがあります。でも，ケンカをするとか，だれかに意地悪をするわけではありません。授業中は……あまり目立たないごく普通の子，という感じです。

ある日のこと。その祐輔君が，音楽専科の川鍋先生（仮名）にはげしく叱られていました。「音楽の授業中に，祐輔君がわざと足を出して，後ろ向きに歩いてきた川鍋先生を転ばそうとした」というのです（幸い川鍋先生は転ばずにすみました）。祐輔君は教室を追い出されて職員室でションボリしていました。

「ふざけ半分にやった」という話なので，「担任の徳永先生といっしょに川鍋先生にあやまっておいで」とボクは祐輔君を帰しました。ところが，音楽の先生はまだ腹を立てていて，もういちど祐輔君を職員室に連れてきてお説教を始めました。

「もし，先生が転んでたら大ケガになったかもしれないのよ。わかってるの？　え？」

祐輔君はじっとうつむいたままです。しばらくお説教されてから教室に戻りました。

　川鍋「まったくあの祐輔という子はどうしようもない。音楽の時間いつもふざけて遊んでいる。クラスの中では一体どういう子なんですか？」

　小川「そうですか。うーん，まー，いつもは普通に授業を受けているしそんなにケンカもしないし，うーん，まあ普通かな？」

　どうも，音楽の時間はあまり態度が良くないみたいです。うーん，困ったなー。祐輔君はたしかに授業中，後ろを向いておしゃべりしたり落ち着かないこともあります。じっと行儀良くしているのは苦手そうです。

先生，見て！

　ある日の給食の時間。ボクが祐輔君の席の近くで給食を食べていると，とつぜん「先生，ほら」と祐輔君がニコニコして話しかけてきます。そして，「ほらっ，見て」とボクに1枚の絵を見せてくれました。それは《もしも原子がみえたなら》の授業で習った原子の絵でした。

　「うわー，上手い。すご

いねー，よく描けたじゃないの」とボク。いろいろな分子がとても正確に描かれていて感心しました。とても小学3年生が描いたものとは思えないほどの，みごとな絵でした。複雑な砂糖分子の絵もあります。休み時間にコツコツと描いた絵のようです。

　こんなふうに，どちらかというと目立たないような子の素晴らしさが急にボクの目の前にクローズアップされる。これは，《もしも原子がみえたなら》の授業が，子どもたちにとってほんとうにたのしいものであった証拠ともいえます。教師としてこれほど嬉しいことはありません。

　じっさい，祐輔君はこの《もしも原子がみえたなら》の授業が終わったときの評価に「5．とてもたのしかった」をつけています。そして，そのときの感想にこう書いています。

☆いろんな原しや分しがわかるようになったから，たのしかったし，うれしかったです。　　　　　（5．とてもたのしかった）

　ボクは，ふだんそれほど目立たない祐輔君という子が，きっちりした絵を描くのが好きだったり，手先がとても器用なことを発見して嬉しくなりました。そして，「あっ，こういうのを〈フツーの子どものステキが見える〉というのだな」と思います。(この言葉はずっと昔，山路敏英さん（東京・中学校，明星大）から教えてもらったもので，いつも胸の中に大事にキープしてある大好きな言葉です)。

　この「原子の絵」を見せてもらってから，ボクは祐輔君のこ

とがとても好きになりました。今も給食の時間は祐輔君と席が近いので，ボクはポケットに手品道具を忍ばせて教室に行きます。そして祐輔君と手品で遊ぶのが給食のときのボクの楽しみになっています。

買いかぶりというイジメ
● 「できてアタリマエ」の怖さ

2学期が終わります

　2学期も明日で終わりです。新規採用の先生がザセツしやすいのが2学期後半だそうですが，そこも無事に乗り越えることができそうです。

　ふりかえってみると，2学期の前半には，3年2組の子どもたちはずいぶん落ち着かない様子でした。ワイワイうるさくて話が聞けない子が多く，授業やっててホント疲れました。でも，2学期は，国語，算数，体育，特活などを徳永さんに任せていました。給食や掃除なども，徳永さんに全部やってもらいました（ボクはときどきコッソリお手伝いする程度です）。

　授業以外のクラスのことも，基本的に徳永さんに進めてもらうことにしています。徳永さんは1学期から「日記を班で回す宿題」や「チャイムが鳴ったらすぐ着席する」「給食を残さず食べる」などに力を入れていました。

　「給食なんかどうでもいいから，授業中もう少し話が聞けるようにしてほしいなー」とボクは思います。でも，「なんでもいいから，若者らしく元気にやってほしい」とボクは思います。教師としてのモチベーションが一番です。よほど変なことならやめてもらうのですが，「チャイム着席」なんかも，それはそれで，

ボクが授業をやるときにもとても助かります。子どもたちも「あと3秒」なんてさけびながら，ゲーム感覚でけっこう楽しそうにやっています。

中休みや昼休みは，いつも校庭で子どもたちと走る徳永さん。そんな元気な姿を見るたびにうれしくなります。「新卒のときはあれでいいじゃん」と思えてきます。

できてアタリマエ?!

先日，都の「新人育成教員の研修会」があり，ボクと同じ「新人育成教員」が集められました。全体会のあとで6人ずつくらいのグループに分かれて話し合いです。自己紹介がてら，それぞれの人が現状を報告します。でも，そのほとんどが「新人はあれができない」「これもできない」「自分が〈何が分かってないのか〉が分からないので困る」というようなグチの連続でした。

それを聞いていて，「ボクは今年恵まれていたんだなー」とあらためて思います。徳永さんは何事も優秀です。カンが鋭く，一度言うだけでたいていのことは伝わります。

その研修会で思ったのですが，小学校教師として，「本当にできないと困ること」というのはどういうことなのでしょう。たとえば「板書計画」なんて不必要，とボクは思います（自分がふだんやってないもん）。でも，「保護者との連絡の仕方，話し合いの仕方」なんてのはちゃんと考えてやったほうがいい，と思います。

「育成教員」の人たちの話を聞いていると，できなくちゃ困ることがすごくたくさんあるようにも思えてきます。でも，ボク

は不思議と,「いろいろなことができなきゃだめだ」とは,あんまり思わないんですよね。今でも,自分が「何でもこなせる教師」だとはぜんぜん思わないし,ましてや,新卒のときなんか,今思うと,ほんと,自分でもメチャクチャだったんです。それに,大学（教育学部）で勉強させられたことなんか,現場ではひとつも役に立ちませんでした。ただただ,〈子どもたちがたのしんでくれること,歓迎してくれることを,仮説実験授業の研究会で仕入れ,子どもたちに提供してきただけ〉なんです。それだけで,30年以上も小学校教師やってきたんですね。

「買いかぶり」がイジメを生む

考えてみると,「いろいろできて当然だ」というふうにプレッシャーをかけられるのは新人の先生だけじゃないんです。「ベテラン」とよばれるような人でも,けっこうそう言われるし,自分でも「そうあらねば」と思わされるのが学校現場ですよね。

人を実際の能力以上に高く評価することを「買いかぶり」といいます。（買い被る：①物を実際の価値より高い値段で買う。②人を実際以上に高く評価する。「実力以上に買いかぶる」。『大辞林』より）。

かつて板倉聖宣さん（仮説実験授業研究会代表）は,「今の学校には〈買いかぶり〉が横行している」と言っていました。板倉

さんの話を紹介してみます。今からなんと 40 年前，民間教育運動が盛んだった時代の話です。

◆買いかぶりというイジメ

　だいたい，教師が教材の自主編成するったって大変ですよ。「自分で自分のやる授業を作り上げていく」なんてそうできるもんじゃない。「できるような格好」をしているだけでね。けっきょく上手くいかない。いろんなことで失敗しますね。

　そして，失敗すると，「こんなことも知らなかったのか」「努力が足らん」「勉強不足だ」なんて言われる。それは，指導主事もそうだし，教育学者も民間教育運動のリーダーだってそうでしょ。そういうのはケシカランと僕は思うのですよ。

　教育の問題に〈買いかぶり〉というのがあります。何のためにするのかというと，上の人間が下の人間をイジメルために買いかぶるんです。相手を叱るとき，買いかぶって叱るでしょ。「あんたには無理だったなー」なんて叱れないもの。「これぐらいのことできなくちゃいけない！」と言って叱りますわね。買いかぶられた相手は「尊重されてる」なんて思っちゃうんです。実はイジメの手段なのにね。

　文部省は常に教師の自発性を尊重し，「教師は自発的に教育プランを作りなさい」と言う。しかし，一方で指導要領とか教科書でシメルでしょ。片一方でシメながら片一方で創意工夫を奨励する。つまり，自分の締めつけの範囲内で相手を買いかぶって「あなたならできるはずでしょ」とやってるんだから。「教科書を運用して，先生方の創意を持ってやっていた

> だきたい」と，こう来るからね。尊重されているようで，本当はイジメられているんでしょ。「なぜできないんだ？」と。本当は教科書が悪いのにね。
> 　だから，「創造性とか創意工夫を言う」っていうのは実は危ないんだよ。尊重されてるようでいて〈買いかぶりの論理〉が入ってくるからね。だいたい，民間教育団体だってそうだよ。創造性や創意工夫を謳うことで相手を買いかぶり，けっきょく叱るでしょ。悪い授業見たときに悪口言うでしょ。それじゃ〈民間指導主事〉みたいじゃないか。自らを買いかぶって指導主事になっている。僕らは，悪い授業見たら，授業書の欠陥を探すんだけどね。（ガリ本『仮説実験授業を語る／板倉聖宣を囲む夕べ1973』板倉聖宣／柳田和伴編）

「買いかぶりという名のイジメがある」と言う板倉さん。40年たっても，あんまり変わってませんね。そういえばボクも，学校で子どもを叱るときに「6年生なのにそんなことも分からないのか！」なんて言っています。気をつけないと他の先生たちに対しても「そんなことできてアタリマエじゃないか」と言いそうになることもあります。

　よく考えてみると，一番気をつけたいのは「自分を買いかぶること」かもしれません。「先生」「先生」と言われてるうちに，なんとなく自分が「いろいろ出来る教師」「有能な教師」とカンチガイしてしまうかもしれません（アブナイ，アブナイ……。もしかしてオレ，自分を買いかぶったものの言いかたしてないか？）。

徳永さんが土曜参観で見せた成長した姿

　10月に土曜参観がありました。1・2時間目だけの公開授業で，今回は2時間とも徳永さんに授業をやってもらう予定でした。1時間目は校庭で体育の予定でした。ところが，当日の朝，小雨が降ってきました。急いでボクは社会科のプリント（《ゆうびん番号》のプラン）を印刷しました。予定を変更してボクが社会科をやるしかない，と思ったのです。ひさしぶりの《ゆうびん番号》の授業を親子でやるのが楽しみでもありました。でも，教室の子どもたちは「体育がつぶれる」というのでブーブー文句を言ってます。外を見ると，雨は小降りに変わっています。体育ができるかもしれません。

　徳永さんが「小川先生，どうしましょう？」と相談してきます。「うーむ……」悩みます。何度も空を見ます。霧雨のような雨がまだ降っています。「……体育やろうか」とボク。雨が強くなれば子どもたちも納得すると思ったのです。

　でも，校庭で体育を始めるころには，雨はすっかりやんでいました。徳永さんが「ドラクエドッジボール」（峯岸昌弘「オススメ体育プラン〈ドラクエドッジ〉」『ぜったい盛り上がる！ゲーム＆体育』仮説社）を子どもたちにやらせています。お父さんやお母さんが見ているので，いつも以上に張り切る子どもたち。ゲームはすごく盛り上がりました。「体育をやって良かった」とボクは思います。

　2時間目の国語も教科書の「わすれられないおくりもの」の授業を徳永さんがしました。6月の授業参観で緊張しまくっていたのがウソのように，堂々と授業をやっています。子どもた

ちもいつもより張り切って手をあげていました。

「2時間とも，子どもたちの生き生きした様子が伝わってきて，保護者も安心できたんじゃないかな」とボクは思いました。

この日の授業参観の保護者の感想です。

○今回は体育の授業で，子供達がとても楽しそうにドラクエドッチボールをしている姿を見ていて，私も楽しかったです。普通のドッチボールと違って，ルールが複雑なのに子供達は自分の役割を果たしつつ楽しくやっていて，すごいなぁと感心しました。周りのお母さん達も，徳永先生の書かれたルールを見ながら楽しんでいたのが印象的でした。「当てられてくやしい」「負けてくやしい」「勝って嬉しい」，様々な思いを感じることができて良いと思いました。

ボクが予想していたように，お父さんやお母さんにも授業の楽しさが伝わっていたのがわかり，とても安心しました。

3学期はぜんぶ徳永さんに

さて，騒々しかった教室も，12月ごろにはなぜか（自然に？）落ち着いた感じに変わりました。2学期もいよいよ終わりです。3学期になったら，理科（仮説実験授業）も徳永さんにやってもらう予定です。この「新人育成」の仕事は，上手く行けば行くほど，ボクの出番が少なくなるという性質があります。ヒマは大歓迎で，楽しみでもありますが，3学期にやる予定の《電池と回路》の仮説実験授業を徳永さんがやって，子どもたちがど

んな反応をするのか？……そういうのがやはり一番の楽しみです。

　でも，ボクの出番がまったくないのもつまらないし，体育や総合で「まだやり残したゲーム」があるので，お願いしてチョッピリ授業をやらせてもらおうと考えているところです。

早く感想が見たい！
●徳永さん，仮説実験授業にチャレンジ！

《電池と回路》の授業がはじまる

3学期が始まりました。3学期からは理科でやっている仮説実験授業もすべて徳永さんにしてもらう予定です。徳永さんは落ち着かない様子です。

徳永「小川先生に代わって僕が理科もやることになりました。ちゃんとできるかすごいドキドキで〜す。不安もいっぱいありますがよろしくおねがいしま〜す」
——なんて，チョッピリ子どもに甘えています（笑）。

授業書《電池と回路》の1ページ目が配られました。【やってみよう1】という〔問題〕です。

【やってみよう1】　　　　　　　　　授業書《電池と回路》〔1・1〕

ここに，まめ電球とソケットと電池があります。あなたは，この3つをつないで，まめ電球をつけることができますか。やってみましょう。

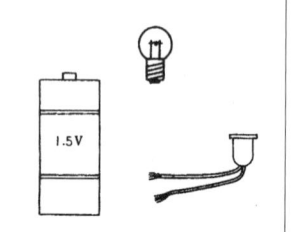

一見，簡単すぎるような〔問題〕に見えます。でも，「ほとんどの子どもたちは，電池で豆電球を光らせることは初めてで，

早く感想が見たい！

この作業はすごく盛り上がりますよ」と知り合いの佐竹重泰さん（東京・小学校）に聞いたばかりです。「きっと面白くなるぞ」という予感で，ボクもワクワクしてきます。

「かんたーん」という男の子も2〜3人いましたが，ほとんどの子は自信なさそうです。なかには「手がしびれない？」と，こわごわやってる子もいます。佐竹さんの言う通り，たしかにすごくもりあがりました。

次は2ページ目の【たしかめてみよう】という3つの〔問題〕です。1問ずつ予想の手を数え，徳永さんが教師実験をしていきます。〔（1）と（2）はここでは省略〕

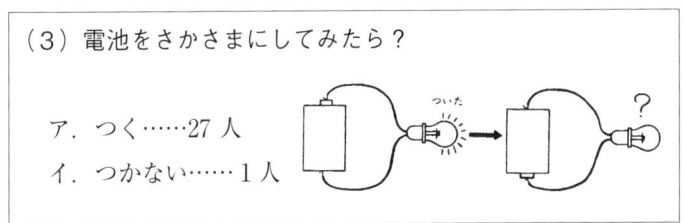

（3）電池をさかさまにしてみたら？

　ア．つく……27人
　イ．つかない……1人

授業書《電池と回路》〔1・2〕

富田君（ア） 家でそうじ機のコードを（コンセントに）反対にさしてもつくから，まめ電球もつくと思う。

徳永 おー，なるほどねー。

「なかなかカシコイなー」とボクも富田君に感心しました。

次の3ページ目は〔お話〕です。徳永さんが〔お話〕を読み始めるとスッと静かになる教室。「おー，素晴らしいなー」とボクは思います。徳永さんのお話の読みかたや〔問題〕の説明のしかたも堂々としていて，とても上手です。新卒とは思えません。ずっと仮説の授業を見てもらってたので，少しは〈良い影響〉を与えているのかもしれません。「だとしたら嬉しいな」と思います。

「いい授業」とは？

この時間は，徳永さんの授業を見ながら，「ああ，すごくいい授業だなー」「教室にいるのがすごく気持ちがいい」と感じました。

「どうして，仮説実験授業だと時間が気持ちよく自然に流れて行くのかな？」とボクは考えました。「次にやることや授業の流れ（予定）がはっきりしているから」でしょうか。「先生が力ず

くで授業を引っぱって行く必要がない」「子どもたちがそんなに先生の顔色をうかがわなくてすむ」というのもあるように思います。

　「もうしわけないけど，国語や算数（教科書の授業）の時間とは全然ちがうな」と思います。〈流れる時間のちがい〉が，教室の後ろで授業を見ているとすごくよくわかります。そのことになんか感激しました。そして，「〈いい授業〉ってこういうのを言うんだな」と思いました。

　「いい授業というのは，子どもたちが授業内容にゆったりと浸ることができる授業のことなのかもしれない」——ボクはこの歳になって，初めて「いい授業の条件」を発見したような気がしました。

　研究授業なんかでよく「子どもたちが沢山の意見を言い，一見とても活発な授業」を見せられます。でもその多くは，後ろで参観していて「今，何をやってるのか自分（＝ボク）がついていけない授業」なんです。「今，国語の授業だけど教室の子どもたちが〈お話の世界〉に浸ることができているのかな？」「ひょっとしたら多くの子がボクと同じように，今，けっこうヒマなんじゃないだろうか？」。そんなふうに思うことが，正直多いんです。だから，「この時間，本当に3の2の子どもたちが〈電気の勉強の世界〉にどっぷりと浸ることができていたのかどうか」，ボクはとても知りたくなりました。

　ところが，4つの〔問題〕のうちの一つ目をやったところで終了のチャイムが鳴ってしまいました。ボクは徳永さんに頼んで，次の4時間目（国語）の最初に子どもたちに理科の感想文

を書いてもらいました。授業をやる立場ではなく，傍で見ている時のほうが「子どもたちの感想文を読みたくなる」というのは初めてで，とても新鮮な気持ちでした。

子どもたちの感想文

　少し無理を言って書いてもらった感想文，徳永さんは「読むのがドキドキ」だったそうです。

■とくなが先生の理科たのしかった
　とくなが先生のはじめてのりかはとてもたのしかったです。まいにちりかだといいなぁと思います。今日のりかはとてもたのしかったです。
（君野友季）

■はじめてしりました
　あんなすくないざいりょうででんきがつくなんてはじめてしりました。ぼくもいえでやってみたいとおもいました。
（江口玲央）

■はりがねにでんきが通るのはすごい
　かんでんちであんなことできるなんてすごいと思いました。とくにはりがねにでんきが通ってつくなんてすごいと思いました。
（富田一真）

■分かって正かいできた
　じっけんがすごく楽しかった。とくに（2）のもんだいがおもしろかった。さいしょ分からなかった文もせつめいを聞いたら分かって正かいしたからうれしかった。（香山紗綾香）

どの子もこの日の授業をとても「たのしかった」と書いていました。ボクも嬉しくなります。ボクが想像してたように，子どもたちが45分間ずっと電気のことに思いを巡らせたり，実験でワクワクしていたのが感想文からよくわかりました。

放課後の職員室で

放課後の職員室。「今日の理科，なんか，うまくやれなくて……」と徳永さん。「そんなことないよ。いい授業でしたよ」とボク。

小川「〈いい授業かどうかは子どもたちが決める〉ってのが原則ですよね。でも，〈子どもたちが本当にどう感じているか〉って，バーッって様子見ててもなかなかわかんなかったりするんですよ。だから，感想文を書いてもらうとすごくいいんですね。そういうのが分かって。

もちろん，細かいところでは，もう少しこうしたらというのもあるけど，それはまたいっしょに考えましょう。でも，徳永さん，授業うまいですよ。〔お話〕の読みかたとか。〈新卒の先生が仮説実験授業をやる〉っていうと，いつも前いっしょに組んでた伴野太一さん（東京・小学校）の授業を思い出すんです。伴野さんは4月にいきなり《空気と水》をやったので，本当に教師なりたてだったので，声も小さいし，〈上手・下手〉でいえば下手に決まってますよね。〔お話〕読んでるときも，プリントから顔が上がらない感じでしたね。それでも，授業書を最後までやると，ちゃんと子どもに評価され，とても自信になったみたいでした。子どもたちも実際，討論で盛り上がったり，たの

しく授業がやれて本当うれしかったみたいですよ。だから，徳永さんも安心して続けて下さいよ」

　徳永「わかりました。またいろいろ教えて下さい」

　約30年，ずっといつもやってた仮説実験授業。もちろん今もボクは授業をやるのが大好きです。でも，誰かが授業をやるのを眺めている時間も，いろいろと発見があって「なかなかいいなぁ」と思います。これからの徳永さんの授業がほんとう楽しみです。

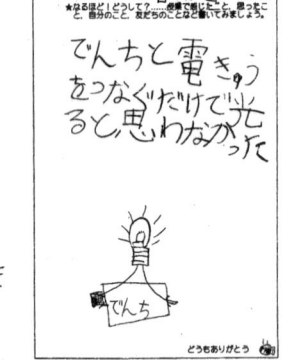

子どもの評価にドキドキ
●はじめての仮説実験授業が終了

「評価がきびしい」とメゲる

　1月31日(金)。

　徳永さんの最初の仮説実験授業,《電池と回路》(第2部まで)が終わり,最後の評価を子どもに書いてもらいました。仮説実験授業では,授業書が終わった時に「授業がたのしかったかどうか」の5段階評価のアンケートをとることになっています。

　「アンケート書いてもらったんだけど,いやーキビシイですねー」と徳永さん。「〈2〉とかがけっこう多いんですよ」。評価の用紙をパラパラめくると,たしかに「2．つまらなかった」や「3．どちらともいえない」が目立ちます。仮説実験授業では最後に子どもたちが授業や教師を評価します。だから,教師の立場でドキドキしながら感想の束をパラパラめくったときに「2」とか「3」が見えると,「評価があまり良くない」という印象を受けちゃいます。「1．とてもつまらなかった」はいませんでしたが,「2」の子がどんなことを書いているか気になります。

■原子のほうが面白い

つくかつかないかは，きになったけど，楽しくはなかった。電気がついたから，どうなんだと思った。げんしのほうが，おもしろかった。でも，はじめての理科をやるにしたらわかりやすかった。　　　　　　　　　　　　　　　（多田航輝②）

多田君は理科が得意な子です。「回路」が分かったあとは〔問題〕が簡単だったのかもしれません。「げんしのほうがおもしろかった」というのは，2学期にやった仮説実験授業《もしも原子がみえたなら》とくらべてのことです。「前の授業書とくらべて面白くなかった」というのはよくある感想です。でも，はじめて仮説実験授業をやった徳永さんはちょっと「ガックリ」ですよね，この感想は。

つぎの伊丹 萌ちゃんという女の子も「2」です。この子もすごくマジメな子です。

■たのしかったこと

一番さいしょにやったじゅぎょうがたのしかったです。りゆうは，自分たちででんきをさわったりまめでんきゅうをつけるのがとってもたのしかったので心にのこっています。

あと，まめでんきゅうのガラスをわったらけむりがでたことがびっくりしました。だけど2～3回くらいしっぱいしてもったいないと思いました。　　　　　　　　　　（伊丹 萌②）

「〈やってみようの作業〉がとってもたのしかった」「豆電球を

わる実験にはびっくりした」と書いています。この感想を読むかぎり,「どうして〈2〉なの？ 〈4〉か〈5〉じゃないの？」と思ってしまいますよね。こういう微妙なところが「子どもたちが書く感想や評価」の不思議なところです。

　萌ちゃんは,体調をくずして欠席が多く,全部の授業に参加できなかったので満足感が低いのかもしれません。「もっとたのしみたかった」という気持ちなのかもしれません。

では,全体の評価は？

　子どもたちひとりひとり,それぞれいろんな事情がありますよね。……「インフルエンザで休んじゃった」「前の授業書のほうが好き」「あの問題むずかしくて予想が立たなかったなー」……などなど。

　最初,評価の紙をパラパラめくっていると,キビシイ感想ばかり目に入ってとても心配になります。しかし（だからこそ）全体を集計してみると,たいていちがう景色が見えてきます。徳永さんは集計する元気が出なかったみたいなので,ボクが代わって集計してみました。その結果が以下のグラフです。

| ⑤とてもたのしかった……10人 | ④たのしかった……7人 | ③どちらともいえない…6人 | |

　②つまらなかった……4人

　……あれ!?　すっごくいいじゃないですか,評価。大多数の子が「たのしかった」と言っているじゃありませんか。27人中23人が〈3〉以上です。〈5〉と〈4〉もすごく多い。初めて

の仮説実験授業,大成功ですよ(ほんと,いつも思うけど,「パラパラ見たとき」と「全体を集計したとき」の印象のちがいってどうしてなんでしょうね)。

さて,集計して余裕ができたところで,もう一度子どもたちの感想をながめてみましょう。

■豆電球がついたとき

　たのしかったのは1番目にやったところです。私ははじめてやった時,豆電球がついたのでとても楽しかったです。とくなが先生が理科をやるなんてびっくりしたし,とても楽しくておもしろかったです。

　私は,つく時がとってもおもしろくて楽しくてうれしかったです。つまらなかった時,ついたらおもしろくなってきて,とても楽しかったです。あと「やってみよう」がとてもおもしろくてとても楽しかったです。　　　　　　　　　(長谷川愛⑤)

「徳永先生が理科をやるなんてびっくりしたけどたのしかった」と愛ちゃん。同じように「徳永先生も理科ができるんだ」と感心している感想がたくさんありました。

■しょうじき心配してました

　けむりがでたり…色々な事があってドキドキしたり,こわかったよ〜。森田くんに「いつも〈くらくつく,すきだねー〉」といわれてた。自分でじっけんするやつも,すっごくうれしいし,はじめて,とくなが先生がやったとき,しょうじき「で

きるのかな？」とおもっちゃった。（志村茉央④）

　「大丈夫かな？」とハラハラしていたのはボクだけじゃなかったんですね（笑）。でも，子どもたちがみんな暖かい目で「徳永先生の理科授業」を応援しているのが，よくわかりました。〈子どもたちに応援してもらえる先生〉って素晴らしいことですね。若い先生の特権かもしれません。

■徳永先生はたのしかった
　　いつも実験でたのしくて，自分でやる時もたのしかったです。あと，とくなが先生は，小川先生とくらべると，とくなが先生は，たのしかったです。　　　　　　　　　（小池優斗④）

■はじめてとは思えない
　　LEDのじっけん（LEDの向きを反対にしたらつくか）がすごくなぞだった。とくなが先生のじゅぎょうがすごくおもしろかった。はじめてとは思えないぐらいよかった。（村山祐輔⑤）

　子どもたちに〈授業〉を認めてもらえるって，簡単なことではないし，だからこそ素晴らしいと思いませんか。「校長先生にほめてもらえるよりもうれしい」のではないかと思います。
　でもでも，あんまり「徳永先生の授業が良かった」という感想が続くと，ボクはチョッピリ徳永先生に嫉妬しちゃいます。「小川先生も良かった」ってどこかに書いてないか，探したりします。そしたら，ありました。

■小川先生 95 点

　でんせんをさわってビリビリくると思ったら，ぜんぜんこなくてあんしんした。せいかいがおおかった（じまん）。おがわせんせいは 95 点，とくながせんせいは 89 点。もっとあんしんしてできるやつをやってほしい。もっとながいじかんやってればわかったと思います。とくながせんせいとおがわせんせいありがとうございました。　　　　　　　　　　（森村佳奈③）

佳奈ちゃんって，なんてイイ子なんでしょう（笑）。

やっぱりボクも授業がしたい！

　徳永さんの最初の仮説実験授業がとても上手くいって，ボクも安心しました。《電池と回路》は 6 時間の授業でしたが，なるべくボクは口を出さないようにしたつもりです。「もう少し〔問題〕の説明では黒板に図を描いたりていねいにやってほしい」など，とうぜん気がつくことはありました。でも，子どもたちの感想を読むと，「授業書を使ってその通りに授業をやると初めての先生でも子どもたちから大歓迎される」という言葉がウソではないんだということがわかります。そういう瞬間に立ち会える機会はそう多くないだろうとも思います。ボクにとっても貴重な体験ができました。楽しかったです。

　徳永さんも，自分では意識してないと思うんだけど，国語や算数のときとはぜんぜんちがって，とてもたのしそうに，子どもたちと一体になって授業している感じでしたよ。

　3 学期，すべての時間割を徳永さんが自立してやるようにな

子どもの評価にドキドキ

り，ボクの出番はほとんどなくなってきました。「新人育成」という観点から見れば，喜ぶべきことなのですが，なんかボク的には淋しいです。現役時代は「忙しくて嫌だなー」「仕事が授業だけだったらどんなにいいだろう」といつも思いました。でも，いざこうしてヒマになってみると，ホントつまらないものなんですね。放課後，綾音ちゃんという子に「最近どうして小川センセイは本を読んでくれないの？」とにらまれました。

今度は徳永さんにお願いして授業をやらせてもらおうと考えています。「他の学年でもいいから誰か授業をやらせてくれないかな？」とも思います。授業の出前，大歓迎です！

あの空の下で
●最後の保護者会,そして異動

最後の保護者会

3月6日(木)。

保護者会がありました。最初に徳永さんが1年間をふりかえった話をしました。

「1年間で子どもたちがとても成長しました。クラスでもいろいろ目標を立ててがんばっています。話もよく聞けるようになったし,集会の集合やチャイム着席などもきちんとしています。班日記も1年間はりきって書いてくれました。私は小川先生のおかげで,新卒ながらとても安心して担任をやってこれました。子どもたちも〈小川先生の授業はたのしい〉といつも言っています」

――こんな話でした。

徳永さんの話のあとでボクも短い話をさせてもらいました。

小川「徳永さんはとても優秀な人で,保護者のみなさんがあたたかく見守ってくれたおかげで,子どもたちはとても成長しました。45分ずっと学習に集中できるクラスになっています。私も子どもたちのおかげでとても充実した1年間をすごさせていただきました。授業は普通のメニューに加えて,スペシャルな授業を週に1時間でもいいからやろうと心がけてきました。

〈勉強って面白いものなんだ〉と子どもたちに感じてもらいたかったからです。徳永さんにはぜひ来年も持ち上がってもらいたいとボクも思いますが，ボクは１年契約なので３月でお別れです。いろいろありがとうございました」

このあと出席したお母さんたちにひとりずつ話をしてもらいました。どのお母さんも「子どもたちが本当に学校に行くのを毎日楽しみにしている」という話をしてくれました。

「毎日，学校の話をよくしてくれるようになって嬉しい。今は〈こういう花にもタネができるのか〉とか〈花がさかないようにみえるのに花がさいている〉というような私なんかが知らないような話をずっと聞かされています」。

「小川先生の理科の授業が楽しいといつもいろいろ話してくれます。お年玉で原子模型をたくさん買いました」

「子どもも親も徳永先生にはぜひ来年も担任をお願いしたい。子どもが毎日，学校のたのしい話をしてくれる」

「先日，親子で出かけたときに大きな声でアイサツするわが子におどろきました。すると子どもが〈徳永先生がいつもそうしなさいと言っているからだよ〉と教えてくれました。親としてありがたいです」

お母さんたちのそんな和やかな報告に，ボクも徳永さんも感激しました。子どもたちや徳永さんのおかげで，この日とてもイイ思いをすることができて幸せなひとときでした。試行錯誤でやってきた１年にいい結果が出たことが証明された日でした。

夕方，更衣室で「今日はありがとうございました。小川先生のおかげです」と徳永さん。「いやいや，ボクこそ徳永さんのお

かげでとてもいい1年でしたよ。まだ今日で終わりじゃないけどね（笑）」。

異動することになりました

　1日ずつ，3月の終わりが近づいています。実はボクは先日，「来年度の他校への異動（転勤）」を告げられました。来年度も「新人育成教員」の仕事は続けられることになったのですが，今の小学校に新採が来ないため，市内の別の小学校へ移ることになったのです。「来年度は異動になるかもしれない」と覚悟はしていたものの，それが現実になって，やはり気持ちが落ち込みました。

　現役時代はいつも自分から「異動願い」を出しての異動だったので，今回のように「いきなり異動」というのは初めての経験です。つくづく，「今の自分は不安定な身分なんだなぁ」と思います。退職後の再任用や非常勤講師は，だいたいの人がひとつの学校で毎年仕事を続けることができます。でも，この「新人育成教員」は新採が来ないと仕事が無いので，学校を変わらなければなりません。「チョークを持った渡り鳥」というのは昔，徳島の新居信正さんが言っていたセリフですが，今の私はまさにそれなんだと実感しました。

　でも，日が経つにつれて，次の新しい小学校へと，ボクの気持ちが移り始めています。「サックスの練習できる場所はあるかな？」とか（笑）。今の学校にはもう10年もいるので，どうしても「学校のこと」をアレコレ心配してしまいます。新しい学校に移ったら，もっと気楽にやりたいものだとも思います（今だって充分お気楽ですが……）。

あの空の下で

　土曜日に，車で新しい小学校まで行ってみました。距離は5kmちょうどで，14分で到着しました。今の小学校までは家から4kmなので，わずか1kmの差です。今までは，その1kmの差を「遠いなあ」と感じていましたが，思ったより近くてうれしい気分です。

　今の職場とももうすぐお別れだと思うと，ちょっぴり感傷的になり，毎日ボーッと空を眺めています。気がつけば3月も中旬。吹いてくる風は春のにおいがします。音楽室からは卒業式の歌が聞こえてきます。

　あの遠くに見える雲の下あたりにも小学校があって，「たのしい授業を待っている子どもたち」がいるのだと思うと，なんだか胸がときめきます。

　「来年はどんな新卒の人と組むのだろうか？」「どんな子どもたちと出会うのだろうか」「4月の1週目でどんな授業をやろうかな」――そんなことを考えていると，だんだん元気が出てきます。

　学校が変わると不便なこともあるでしょう。でも，「自分がやりたいこと」は決まっています。今までと同じように「たのしい授業への道」を歩むだけです。

意欲と自信を積み重ねて
● 「新人育成教員」の1年間,その成果は?

離任式の日がやってきた

年度が変わって4月18日(金)。離任式の日です。

学校に着くと,体育館の前で掃除をしていた6年生たち(4年生のとき担任をした)が寄ってきます。懐かしい顔,顔です。玄関では新人育成教員として受け持った新4年生たちが掃除をしています。「小川先生が来たー」と大声で歓迎してくれます。

体育館で離任式が始まり,ボクの順番が来ました。まず4年生の森田君が「小川先生へ」という作文を読んでくれました。

小川先生へ

森田 樹

小川先生,お元気ですか。城山小学校を小川先生が出ていっちゃうのは,ちょっとさみしいです。楽しくっておもしろく手品がうまい小川先生は,すてきな先生だと思います。そしていつも朝によみきかせをしてくれるので,一時間目は,楽しく授業ができるんですが,いなくなってしまうと,朝のよみきかせがなくなっちゃいます。なので,小川先生がいなくなるとすごくいやです。朝のよみきかせは,すっごくおもしろかったです。とくに「かいとうショコラ」「ヒッコスでひっ

こす」「じっぽ」という本がおきにいりです。だけど、今、学級文庫に読んでくれた本がないので、本をえらぶ時、あの本があればなぁと、いつも思います。小川先生のよみきかせは、本当におもしろかったです。

　また、ゲーム（遊び）は、すごくおもしろく、つい、ちがうクラスにじまんをしてしまうほど、おもしろかったです。「人間トランプ」「100人に聞きました」「20のとびら」。そのぜんぶが本当に本当におもしろかったです。

　まだ、小川先生がいればなぁ、とつくづく思いうかべます。さらに、小川先生は、全校の人気の先生だから、いなくなるのがいやな人も多いと思います。もちろんぼくもです。なので、新しい小学校へいっても、ぼくたちのことを思いうかべてください。小川先生といてすごくたのしかったです。

　離任式の「いなくなる職員への作文」って、「○○先生は○○したときにわたしを優しくはげましてくれました」みたいな言葉が多いけど、この森田君の作文のように、「読んでくれたこの本が好きだった」とか「このゲームがたのしかった」というふうに、授業の中身を具体的に言ってくれる作文は、ボクにとって格別にうれしいものでした。

離任式のアイサツに皿回し

　手紙と花を受け取ったあとのステージで、ちょっぴりドキドキしながら皿回しをしました。離任式での挨拶は、皿回しをしようと決めていました（ちょっぴり練習もしてきました）。

オガワ「こんにちは。今度の小学校は北浅川のそばにあって窓から陣馬山や高尾山などのたくさんの山が見えます。だから〈あー，あのあたりに城山小学校があるんだな。城山小の子どもたちはいまごろ何をしているのかな。昼休みで校庭で遊んでいるのかな〉，とか，いつも思っています。で，今日は，せっかくなので皿回しを持ってきました（笑）。ちょっとやってみますね」
（皿を回す。〈すごーい！〉と低学年の子どもたちから歓声があがる）

　オガワ「ちょっと練習するとだれでもできるようになります。6年生の人たちとは4年生のときよくやってましたよね」（6年生の男の子たちが両手をふってくれる）

　オガワ「でも，最初は上手くできません。〈皿回しと言えば棒で皿を回すことだ〉と考えて，回そう回そう，とするからです。それだとダメなんですね。もう一度やるのでよく見てください。最初に皿が回ってそれを棒が少しお手伝いをする，ぐらいの感じでやるのがコツです」（2回目，緊張して失敗。皿が落ちる。子どもたちからの笑い声でなごむ会場。気を取り直して3回目。今度は上手く行く）

　オガワ「上手く回ると止まっているように見えるでしょ。でも，ほらこんなことをしても落ちません（お皿をひょいっと投げ上げてまた棒でキャッチする）。お皿が回っているからです。こんなふうに何もしなくてもずっと回っています。プロの人がやるのを見たことがありますが，すごいですよ。一度に10枚くらいのお皿を回すんです」

　オガワ「皿回しって学校の勉強と同じだな，と思うんです。この棒が先生，皿が生徒のみなさんです。先生だけがいくら〈が

んばれ，がんばれ〉ってやっても上手くいきません。生徒が自分から〈回ってみよう〉と思わないとダメなんですね。そのかわり上手く回り出したら，今度はときどき先生が力を加えるだけでずっと気持ちよく回ることができるんですね。これは勉強でもスポーツでも音楽でも何でもそうだと思います。〈自分からがんばってみよう〉という気持ちを大事にして下さいね。ではお元気で。さようなら」

　式の最後，大ぜいの子どもたちと握手やハイタッチをして体育館の中を歩きました。離任式，とても緊張しましたが，皿回しをやって良かったと思います。「皿をわざと落としたんでしょう」と何人もの先生たちから言われましたが，緊張して本当に失敗しちゃったんです。10回のうち10回成功する自信があったのに……。

小川先生の授業は？

　じつは，3月末にも，クラスの子どもたちは「小川先生の授業をふりかえって」という感想文を書いてくれていました。

　定年退職する前は，毎年3月に「1年間の授業をふりかえって」という感想を子どもたちに書いてもらっていました。でも，今年は担任でもないし，子どもたちとは点でしか関わってない感じだったので，そういう感想を子どもたちに書いてもらってよいものか，正直，迷いました。そこで，3月の終わりに子どもたちに次のような手紙を書き，感想を書いてもらうことをお願いしてみたのです。

3年2組のみなさんへ

小川　洋

　3年生もあと少しですね。

　3年生の1年間はいかがでしたか？　たのしく勉強ができましたか？　3年2組は4月からは4年2組になります。担任の先生は持ち上がりかもしれません（だったらいいですねー）。でも，ざんねんながら副担任の小川センセイは4年2組の教室には来ません。ここにいるみなさんが，ほんとに一人ひとりとてもいい子だったので，小川先生はとてもさびしい気持ちです。

　さいしょ教室に先生が二人いて，みなさんもヘンテコな気持ちだったろうと思います。じつは小川センセイは東京都の教育委員会というところから，「新しく先生になる徳永先生がはりきって学校の先生を続けられるようにしてほしい」とたのまれていました。だから，ボクはどうしたらそうなるか，かんがえました。出たこたえは「子どもたちとたのしく授業ができる先生になれるといいのかも」というものでした。そのためには生徒のみなさんが，たのしくはりきって勉強してくれるひつようがあります。

　みなさんは，小川センセイがねがっていた以上に，毎日，とてもはりきってくれました。とてもかんしゃしています。どうもありがとう。

　ところで，みなさんに聞きたいことがあります。

　「小川センセイがやった授業でたのしかったのはどの授業

でしたか。みなさんが気にいったのはどんなものでしたか。

　毎日，本を読んでいました。どの話が面白かったですか。理科もたくさんやらせてもらいました。空気と水，ものとその重さ，もしも原子がみえたなら，じしゃくのじっけん，花と実のなぞ。国語は詩の授業や漢字ビンゴもやりましたね。社会の教科書クイズや，体育でやった，ともえオニ，キックベース，ぞうきんホッケー。図工や総合で，おりぞめや，まきごまもたくさん作りました。クイズ100人に聞きましたゲームもたのしくできたでしょうか。

　来年もどこかのクラスの副担任をやるので，どんな授業をやったら子どもたちがよろこんでくれるのか知りたいので教えてください。

　小学校せいかつも，はんぶんがおわったことになりますね。今の〈やる気〉と〈元気〉を大切に，これからもすばらしい学校生活をおくってくださいね。1ねんかん，ありがとうございました。

すると，3年2組の子どもたちはいっぱい「1年間の授業の感想」を書いてくれたのです。

■いつも楽しくべんきょうしてもらいました
　いつも小川先生の授業があると，いつもドキドキしたりします。でもほかの社会とかを徳永先生がやる時は，ふあんだけどいつも小川先生から，ゆうきや元気をもらっています。なので，この1年間は，とても楽しくべんきょうができました。

こちらこそありがとうございました。

　それに，毎日本を読んでくれてありがとうございました。小川先生がよんだ中で一番好きな本は「ジッポ」が世界一好きな本です。

　理科でやって一番心にのこっていることは，「もしも原子がみえたなら」が一番好きだったし，おもしろいので大好きです。それに，時には「にさんかたんそ」「いっさんかたんそ」などいろいろな原子の名前をおぼえられて，とてもうれしかったです。いつも楽しくべんきょうしてもらってうれしいし，楽しかったです。また４年生になったら，いっしょのたんにんの先生になったらいいなーっと思いました。１年間，ありがとうございました。　　　　　　　　　　　　　（山下綾音）

離任式のあと４年２組の教室に行くと，この山下綾音ちゃんはずっとポロポロ泣いていました。ありがとう，山下さん。こちらこそお礼を言います。

■心にのこるたのしいじゅぎょうでした
　いろいろなマジックをみせてもらってぼくはすごくうれしかったです。理科実けんでは，原子がみえたならがすごいとおもいました。なぜなら，外にいろいろな原子がとんでいるからです。
　次は，体育の時やっていたぞうきんホッケーです。さいしょは，こんな小さいボールがとぶのかと，ボールをだされたときビックリしましたが，人がやっているのをみて，かなりボー

ルが上にういていたので,スゴイとおもいました。キックベースでは,ホームランやいろいろな人が,がんばっていたのでたのしかったです。

　「クイズ100人にききました」は,はんでチームでタッグをくんでやるのですごくたのしかったです。

　そしてさいごに花と実のなぞです。花と実のなぞは,まさになぞでした。こんなやさいが,花がそだつんだなとおもいました。今まで小川先生とやってきた実けん,体育,ビンゴゲームはぜんぶ心にのこるたのしいじゅぎょうでした。

(山中隼人)

　3学期は,徳永さんにできるだけお任せで,ボクはあまり授業もやりませんでした。だから,こんなに「いろいろな授業が心に残っています」という感想を書いてもらえるとは,思いませんでした。ほんと,今年は「授業をやる人」でした。「たのしい授業だけ担当させてもらう」という,一番オイシイ仕事だったとあらためて思います。

← クラスの子どもが書いてくれたボクの絵

●徳永さんの感想は……？

　さて,子どもたちからは,「毎日の授業がとても楽しかった」という大満足な感想をもらうことができました。では,「新人育成」の1年目はどういう結果になったのでしょう？　ベテラン(とよばれても不思議ではない)教師と新卒とでは,だれが考えてもベテランの授業のほうが上手くいくはずです。ボクだけが「た

のしい授業」をバンバンやって，新卒の人が「苦しい授業」しかできなくて子どもに反乱されていたとしたら逆効果です。

「新人育成」の仕事が上手くいったのかどうかは，徳永さんに聞いてみなければわかりません。他にもいろいろ検討が必要かもしれませんが，徳永さんにも「1年間をふりかえった感想」を書いてもらいました。

****

1年間の振り返り

徳永正弘

「おはようございます」と子供たちの元気な声が響きます。教師1年目の毎日の日課は，朝の教室で，笑顔で子供たちを迎えること。そして，放課後子供たちを下駄箱まで送っていくことです。

たまに，子供たちに手を振り見送っている時，「自分は教師なんだなあ……」と実感しています（いい意味で）。

「教師は心の病気になる人が多い」「モンスターペアレントが大変」など，教員の仕事はとても大変であるというのが最近の常識といえるかもしれません。しかし，「仕事がこんなに楽しくていいのか」と思うほど，初任者の1年間は「楽しい」であふれていました。

なぜこんなに楽しいのかと考えてみると，やはり「子供たち」「教員同士」「保護者」との関係がとても良いからだと感じています。そして，その子供・教職員・保護者との関係は，副担任

をされた小川先生が築いてくださったものであると確信しています。本当に感謝が尽きません。
　3つに分けて小川先生がどのように関わり，支えてくださったかを振り返ります。

①子供との信頼関係
　4月から副担任の小川先生は，子供たちの心をつかむ手だてをたくさんされていました。朝の連続小説，手品，レク，ものづくりなど数えきれないほどです。今でも記憶に残っている4月の初めての子供たちとの出会い。小川先生は「クイズ100人に聞きました」というゲームを行いました。子供たちは「ゲーム？やったー！」と大盛り上がり。そんなニコニコの笑顔からスタートできた3年2組には，常に「学校は楽しいところ」という子供たちと教師の雰囲気が流れていたように感じます。ボクが2学期から授業をやるときも，子供の目線が「教師」や「授業」にしっかりと向いていました。なので，教師は「授業がやりやすい」，子供は「授業がおもしろい」という良い関係ができていました。

②教職員との信頼関係
　小学校にはたくさんの先生が働いています。「学校はチーム」が理想ではありますが，ベテランから若手まで様々な先生がいらっしゃる中で，初任者の僕が「自分自身」を発揮するにはとても難しい環境だったと思います。しかし，小川先生は僕がやりたいこと・考え方を最大限に尊重してくださいました。

授業の時,「歯がゆい思い」をして今すぐ中止したい時もあったのではないかと感じます。しかし,この1年間,僕が子供の前で怒られたり,授業を止められたりなど「徳永先生」の看板をさげるようなことを,小川先生は一切しませんでした。そのおかげで,1年目から「班日記」「集合整列ナンバーワン」など自分のやりたいことを実践することができ,ほかの先生や校長先生からも認めていただけることが多くありました。また,「どのようにやっているか」と他の先生が聞いてくださることもありました。

　自分のやりたいことはしっかりと認めてくれ,適切なアドバイスをさりげなくくれる小川先生が副担任でいてくださったからこそ,教職員同士の良い関係を築くことができたと感じます。

③保護者との信頼関係

　いじめは学校の大きな問題の一つです。「いじめは絶対に許さない」との心情をもって学級経営に取り組んでいました。しかし,2学期の終わりごろある保護者から「いじめられている」と,連絡をいただいたことがありました。

　どうしたらいいかわからず,ベテランの先生や若手の先生に相談し,「しっかりと話を聞くこと」を教えていただきましたが,やはりいざ保護者面談となると緊張します。小川先生がお休みの日の出来事で,「御迷惑をかけてしまうのでは……」と思いましたが,電話で相談すると,「学校に行きますよ」と優しい声が。休みの日でも,子供たちのため,担任のために一緒に保護者面談をしてくださいました。

いざ面談が始まると，小川先生のすごさを改めて感じました。「〇〇君がこのようなことを言っている」と面談開始直後は，保護者の方から不信感の目が注がれていましたが，小川先生の一言，一言で安心感に変わっていくのを実感しました。

　面談後，未然に防ぐ手立てや子供，保護者とのかかわり方を様々教えて下さり，3月の保護者会では「うちの子は学校が楽しいと言っている」と安心の声を聞きました。「ピンチはチャンス」という言葉がありますが，小川先生の御指導のおかげで保護者ともより一層信頼関係を築くことができました。

　このように，小川先生は僕の立場を最大限尊重し，支えてくださいました。そして3つの立場の人々とよりよい人間関係を築くことができました。

　そして，「はじめまして」と緊張してあいさつした4月1日から，358日。いよいよ3年2組が修了式を迎えました。「自立」を目的に，副担任の小川先生から学ばせていただいた，たくさんのこと。新たな「スタート」に立った今，その真価が問われていると感じます。

　子供も教師も「楽しい」であふれる学級経営を，授業を，胸に刻み，目指していきたいです。1年間，本当にありがとうございました。

＊＊＊＊＊＊＊＊＊＊＊＊＊＊＊＊＊＊＊＊＊＊＊＊＊

　「そんなに悪い感想は来ないだろう」と思っていたものの，あらためて徳永さんから，とても良い評価をもらえて嬉しいかぎりです。「新人育成教員」の仕事をやってよかったと思います。

それにしても,徳永正弘さんって本当に素直な人だなぁ,と思います。いつも職員室ではボクを立ててくれていました。3月になってほとんど授業はやらないようなときでも,いつもボクに「ありがとうございます」と声をかけてくれました。

　ボクは現役時代と変わらずに,1学期の最初から,仮説実験授業や「朝の連続小説」「体育のゲーム」などをどんどんやりました。ボクはそういうスタイルでしか小学校教師ができないので,しかたありません。

　ある程度経験を積んだ先生だったら,「教科書から離れていいんですか？」と心配したりしたと思うのですが,そこは新卒の強み。「ああ,教師はどんどん授業で子どもたちに働きかけていいんだな」ということを感じ取ってくれたようです。

　その結果,徳永さんは,自分なりに「やってみたいこと」をいろいろ試すようになりました。1日交代で回す班日記も始めました（ボク自身は日記の宿題はやったことがありません）。徳永さんが熱心に子供たちを誉めるものだから,子供たちはどんどん日記を書くようになりました。

　休み時間は,徳永さんはいつも校庭で子供たちと走ったり,ドッジボールをしていました。子供たちにぴったり寄りそって生き生きと教師をしているように見えました。勉強熱心な徳永さんは,国語の研究会に行ったり,本を買ったりして,国語の授業もいろいろ工夫してやっていました。ボクとしては,もっと仮説実験授業の勉強をしてほしいという気持ちもありましたが,でも,「今はこれでいいんだ」と思っていました。

　「新卒の先生が,あまり思い悩むことなく,思いっきり学級の

ことにだけ精を出す」——そうなってほしいと願っていたからです。学期末に徳永さんがよく言っていた，「毎日，学校に行くのが嫌だと思った日は一日もないんです」という言葉は，ボクにとって本当に嬉しい，「してやったり！」という言葉でした。

　大切なのは（ボクの本当の願いは），「ただ周りに流されるだけの教師にはなってほしくない」ということです。「〈忙しい〉と言いながらなんとなく行事や教科書をこなすだけの教師」では，これから先，子どもたちを相手にはとてもやっていけないだろうと，ボクは思うからです。

　ボクは徳永さんに「子どもたちに自分から働きかけ，その反応を楽しめる教師になってほしい」と思います。その「働きかけるもの」が〈たのしい授業〉であれば最高です。でも，「自分がやってみたい」と思えるものなら，とりあえず何でもいい！と思うんです。大切なのは，自分から「やってみたい」と思えるものがあるかどうか。それが〈意欲〉です。そして，その「自分の工夫」が上手くいったときに，子どもたちから〈自信〉をもらえるんだと思うんです。〈意欲〉と〈自信〉を積み重ねて，子どもたちに喜ばれる教師になってほしいと願っています。

　今年，徳永さんは持ち上がりで４年生担任になりました。４年生の残りの２クラスは，両方とも転勤してきた女性の先生でした。教師２年目の徳永さんですが，もう学年の中心になってはりきっている様子でした。

　徳永さん，応援してますよ！

エピローグ
～チョークを持った渡り鳥～

　2014年5月。新しい小学校にやってきて1ヵ月が経ちました。5月のゴールデンウイークも終わり，ようやく「転勤疲れ」が体から抜けてきた気がします。思い返すと長い1ヵ月でした。

　今，学校では5月17日の運動会をめざして，毎日グランドで練習が続いています。ふと，空を見上げると大きな鳥が，サギでしょうか，ゆっくり羽ばたきながら高い空を横切って行きます。河原が近いこともあって，たくさんの鳥たちが校庭の上空を飛び交っています。鳥たちから見ると，この校庭はどんなふうに見えているのでしょう。

　「あの鳥たちのように，生きるための明確な目標に向かって真っ直ぐ飛んでいけないものか」
——空を眺めながら，ふとそんなことを考えました。

　チョークを持った渡り鳥……1年後の今日，ボクはどこの学校で空を見上げているのかな。

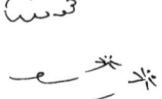

（『空見上げて～「新人育成教員」日記』おしまい）

あとがき

　『空見上げて「新人育成教員」日記』，いかがでしたか。面白かったところ，役立ちそうなところはありましたか。読んでくださった方が——それが新任の方であっても，また，指導する側のベテラン教師であっても——何かしら「自分自身が元気に仕事を続けて行くためのヒント」を本書の中から見つけていただけたら，とてもうれしいです。

　この本は，徳永正弘さんというすばらしい相棒とのめぐり会い抜きには考えられませんでした。「体育って楽しくやっていいんですね！」「えー，このゲーム，めっちゃ楽しい！」——そんな徳永さんのはずんだ声は，今も耳に残っています。

　また，10年前の新卒だった伴野太一さんとの出会いも忘れることができません。指導教官として伴野さんと接した時の経験が，今の「新人育成」の仕事にとても役立っています。

　そして，「東京・たのしい教師入門サークル」のみなさんには，たくさんの貴重なアドバイスをもらいました。とくに小原茂巳さんは早くから，「本にまとめるといいですよ」と励ましてくれ，山路敏英さんはご自身が発行している「山路カウベル堂」のガリ本の1冊として，『空見上げて』の第1弾を発行してくれました。そして，仮説社の渡辺次郎さんには月刊『たのしい授業』への連載時から本書の発行に至るまで，たいへんお世話になりました。

このように，たくさんの人たちのご協力や励ましがあって，この「日記」を書き続けることができました。本当に感謝しています。ありがとうございました。

　ところで，本書に紹介した授業や学級づくりのアイディアのうち，特にものづくりやゲームについては詳しく書き記すことができませんでした。もともとそれらのほとんどは，月刊『たのしい授業』（仮説社）に掲載されたものですが，今ではプランなどをテーマ別にまとめた単行本として発行されています。たとえば次のようなものです。ぜひ手元にそろえておかれるよう，おすすめします。

・『教室の定番ゲーム１・２』（以下，すべて仮説社）
・『たのしいプラン国語１～３』
・杉山亮『朝の連続小説』
・小原茂巳『たのしい教師入門』
・小原ほか『よくある学級のトラブル解決法』

　さらに本書でたびたび言及している「仮説実験授業」について興味を持たれた方には，板倉聖宣『未来の科学教育』（仮説社）をおすすめいたします。この本は私がかつて「仮説実験授業はオレにもできるんだ！」と感激した本なのです。

　それにしても，60歳をすぎてから，授業・担任の仕事についての本を出版してもらえるなんて，なんて幸せなことでしょう。これも仮説実験授業をはじめとした〈たのしい授業〉をやって

きたおかげです。

　仮説実験授業というのは〈たのしい授業〉の代表ですが，私が仮説実験授業に出会ってよかったと思うのは，「たのしい科学の授業が実現できるようになったこと」だけが理由ではありません。仕事でも生活でも「予期しなかった大変さ」に遭遇したり，「今たのしくやれてることがストップしちゃうとき」というのが必ずあります。そんな「悩みのカベにぶつかったとき」や「人生の転機」に，「たのしく，新しい道」を歩む方法を考えられるのも，仮説実験授業や〈たのしい授業〉で学んできた考え方のおかげだとボクは思います。

　これからも，空に浮かぶ雲をぼんやりながめながら，無理せずに，たのしい生き方を思い描いていたいと思います。この本の感想など，いろいろ聞かせていただけたら幸いです。

2015年7月7日　小川　洋

小川　洋（おがわ　ひろし）

1952年　新潟県の農家に生まれる。
1977年　東京学芸大学教育学部卒業。東京都の小学校教員になる。
1983年　月刊『たのしい授業』創刊号（仮説社）で仮説実験授業を知る。同じころ八王子市の書店で偶然見つけた板倉聖宣『未来の科学教育』（国土社，現在は仮説社から刊）は〈人生を変える1冊〉となる。以後30年に渡って小学校で仮説実験授業の実践と普及につとめる。
2013年　退職。東京都の「新人育成教員」の職につき，現在に至る。
『たのしい授業』誌に授業記録や論文などを多数発表。仮説実験授業研究会会員。

著書：『よくある学級のトラブル解決法』（共著，仮説社），『ちいさくてもわたし――ぼくの1年生日記』（私家版）など。

空 見上げて 「新人育成教員」日記

2015年7月27日　初版発行（2000部）

著者　小川　洋　Ⓒ Ogawa Hiroshi, 2015
発行　株式会社 仮説社
　　　169-0075 東京都新宿区高田馬場2-13-7
　　　電話 03-3204-1779　FAX 03-3204-1781
　　　www.kasetu.co.jp　mail@kasetu.co.jp
カバー／扉イラスト　いぐちちほ
装　丁　渡辺　次郎
印刷・製本　図書印刷
用紙　鵬紙業（カバー：OKトップコート＋菊ヨコ76.5kg／表紙：ビズムマット菊タテ125kg／見返し：タントN-70 四六ヨコ70kg／本文：クリーム金毬四六ヨコ67.5kg）

Printed in Japan　　　　　　　　　　　　ISBN 978-4-7735-0262-6 C0037

仮説社の本

よくある学級のトラブル解決法

小原茂巳・山路敏英・伴野太一・小川洋・佐竹重泰・田辺守男 著　学級のトラブルといったら，何を思い浮かべますか？　本書では，「いじめ／不登校」「仲間はずれ」「保護者からの苦情」「崩壊学級」の４つの事例から，トラブル解決の手順と考え方を明らかにします。　　四六判 160 ペ 1300 円

未来の科学教育

板倉聖宣 著　仮説実験授業が提唱された当時，それは世界のどんな読者にとっても，はじめて出会う科学論，教育論，授業方法だった。授業書《ものとその重さ》の授業風景を通して，いきいきと動き出す子どもたちの姿を描き出す。今なお〈未来〉のものとなっている仮説実験授業の基本的な考え方と可能性を知るには，本書を読むのが一番！　四六判 240 ペ 1600 円

仮説実験授業をはじめよう

「たのしい授業」編集委員会 編　「仮説実験授業なんて知らない，やったことない。だけど，たのしいことならやってみたい！」という人のために，授業の基本的な進め方や考え方，参考文献，授業の具体的な様子が分かる授業記録など，役に立つ記事を一つに。巻末には，すぐに始められる授業書《水の表面》《地球》とその解説も収録。　　Ｂ６判 232 ペ 1800 円

教室の定番ゲーム １・２

「たのしい授業」編集委員会 編　お楽しみ会用から授業に使えるものまで，「子どもたちとのイイ関係」を基本にしたゲームやアイデアを紹介。他のゲームやレクリエーションの本と違って，ただやり方を紹介するだけでなく，実際に試してみたという詳しい報告付き。どんな時に・何に気をつけて，といった「楽しみ方・コツ」までガイドします。　　Ｂ６判 各巻 1500 円

たのしい授業プラン体育

「たのしい授業」編集委員会 編　運動の苦手な子も得意な子も，男の子も女の子も，みんな一緒に笑顔になって楽しめる体育プランのほか，体育嫌いだった先生が「苦手な子の気持ち」に立って工夫した授業や指導のコツを１冊に収録。　　Ｂ６判 271 ペ　1800 円

＊価格は全て税別です。